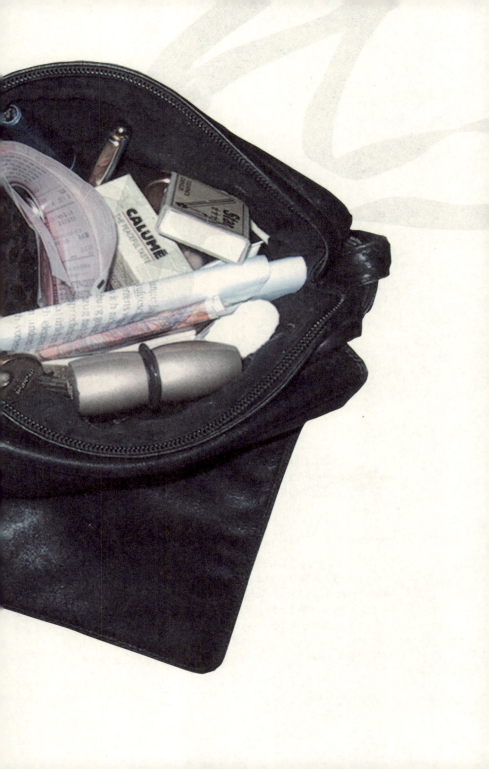

Die Tübinger-Poetik-Dozentur und der
Würth-Literatur-Preis sind Förderprojekte
der Würth-Gruppe, Künzelsau.

Impressum

© Swiridoff Verlag, Künzelsau 2001
© der einzelnen Texte bei den AutorInnen
Herstellung: Typo-Druck-Roßdorf GmbH
Gestaltung: Günter Seidel, Wiesbaden, Roland Eggers, Seeheim
und Claudia Gehrke, Tübingen.

ISBN 3-934-350-63-1

Die Handtasche

Prosa, Lyrik, Szenen & Essays

Texte zum 11. Würth Literaturpreis

herausgegeben von Herta Müller

SWIRIDOFF VERLAG

Inhaltsverzeichnis

Der Blick 13
Birgit Müller-Wieland

Von einer Handtaschenwette in Zeiten der Chaostheorie 29
Jutta Reichelt

Die Handtasche 39
Erwin Pischel

Der Wolf 40
Nora Dornfeld

Familienbande 48
Sabine Grimm

Ein Stück von ihr 55
Lothar Voßmeyer

Die Handtasche 74
Markus Orths

Frieda 84
Christiane Wachsmann

Die Handtasche 95
Bernd Walf

Die Handtasche - Triptychen 96
Annika Reich

Novemberholz 100
Ralf Hanselle

Katzengold 113
Matthias Schamp

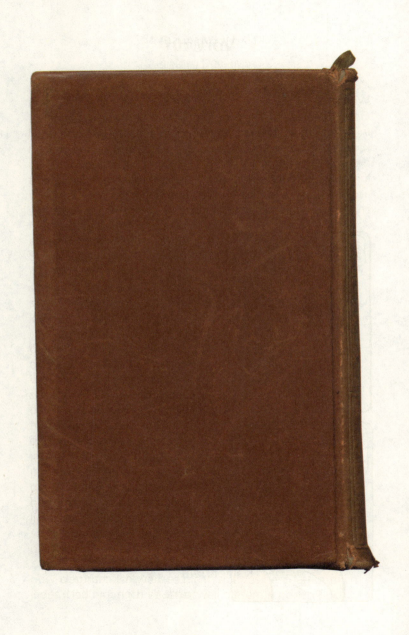

Vorwort

VON JÜRGEN WERTHEIMER

Windsor McCay, einer der größten Künstler in der Geschichte des Comic-Strip, hat es auf den Punkt gebracht. In jeder Handtasche steckt ein Monster. Jede Handtasche kann zum Monstrum werden. Eine seiner Albtraum-Episoden aus dem Jahr 1905 erzählt die allmähliche Verwandlung und graduelle Metamorphose des krokodilledernen accessoirs zur fleischfressenden Bestie in einer anschaulichen Bilderserie: am Ende verschlingt das im Traum wiederbelebte Reptil seine Besitzerin und nimmt grausame Rache für deren offenbar unziemliche sexuelle Wünsche und ihre unstatthafte "Gier": zwei Themenstränge, die auch, was die Beiträge dieses Wettbewerbs betrifft, immer wieder aus der Themen-Tasche sprangen: Sexualität und Gewalt. Oft miteinander verkuppelt. Zumal wenn die Taschen länger im Gebrauch oder älterer Bauart sind, scheinen sie nachgerade wahre Giftmülldeponien oder veritable Waffenarsenale zu bergen. Sie beinhalten freilich nicht nur Damenrevolver oder scharfe kleine Dolche, sondern auch nicht minder scharfe oder scharfgeladene Waffen im übertra-

genen Sinne: Erinnerungsbriefe, Quittungen, falsche Pässe, verräterische Fotos, Geld, Schließfachschlüssel – alles mögliche. Und alles mögliche kann eine verschlissene oder schnieke, luxuriöse oder billige Handtasche beinhalten. Ob Prada, Fendi in original oder als ostasiatische Kopie – ein gefährliches Behältnis ist eine Handtasche mit ihren unergründlichen Tiefen allemal. Und bisweilen verkehrt sich, wie im Comic auch, die Ordnung der Dinge, wird die Wirklichkeit umgestülpt, so daß der Träger (die Trägerin) plötzlich in dem Behältnis Aufenthalt findet, das er/sie ehedem mit sich führte, an sich trug.

Die Tasche, ein Etwas, das fast zur Metapher ihres Besitzers wird, zum Begleiter, Schatten, alter ego. Taschenraub und Taschenverlust sind deshalb nicht von ungefähr traumatische Dauerthemen. Viele der Einsendungen widmeten sich Fragen, die sich in diesem thematischen Umfeld bewegten.

Am überzeugendsten schien der Jury die Themenstellung jedoch immer dann gelöst, wenn die Handtasche nur als Vehikel, als Behältnis fungierte, anhand dessen eine zweite, u.U. ganz andere Geschichte transportiert wurde, wie in vielen Texten dieses Buches. Erst vom Ende her erschließen sich die atemberaubend aufgebauten Erzählungen der beiden Preisträgerinnen Birgit Müller-Wieland und Jutta Reichelt. Was einem Blick voranging, was danach geschah – in sinnlichen Bildern gelingt es Birgit Müller-Wieland, eine Lebensgeschichte in diesen einen tragischen Moment zu bannen – der Blick, kurz nachdem ein "Monstrum" übergeben wurde. Aus dem kühlen und sachlichen Ton heraus, in dem Jutta Reichelt ihren Protagonisten Bericht erstatten läßt, entpuppt sich nach und nach nicht allein das Psychogramm dieses Rechenschaft ablegenden Beamten, sondern auch das vielschichtige Portrait einer durchschnittlichen zeitgenössischen Familie samt ihrer alltäglichen Klein-Probleme zwischen Vater und Tochter, Mann und Frau, und vom Ende der Geschichte her beginnen überraschend noch viele weitere Personen zu leben...

29. Oktober 2001

Der Blick
VON BIRGIT MÜLLER-WIELAND

Vorhin sind die beiden gegangen, einer hat sich noch einmal umgedreht und mir einen Blick über die Schulter zugeworfen.
Der Himmel war weit weg, hatte sich blassblau zurückgezogen, einige Schneeflocken segelten in der Luft, und eine zerging auf dem grauen Schulterstoff des Mannes, genau in dem Moment, als ich aufschaute und sein Blick mich traf.
Dann strich sich der Gendarm über den kahlen Kopf, setzte seine Mütze wieder auf und wandte sich endgültig um.
Ich sah, wie sie über den knirschenden Kiesweg zum Auto gingen.
Der, der mir den Blick zugeworfen hatte, ging ein wenig steif hinter dem Größeren her, und als sie die Straße hinunterfuhren, bemerkte ich, wie die Kälte an meinen nackten Beinen hinaufkroch, an der Innenseite des Nachthemds entlang, und wie dünn mein Bademantel war.
Ich schloß die Tür, sie schnappte ein mit einem Knacken, lauter als sonst. Wie lange ich im Stiegenhaus herumgestanden bin, weiß ich nicht mehr, ich stand einfach da und rührte mich nicht, und alles war still.
Irgendwann ist mir dann so kalt geworden, daß meine Beine von allein die Treppe hinaufgingen, ein wenig schleppend zwar, aber zielgerichtet, wie es mir oft im Traum passiert, und bald stand ich im Schlafzimmer vor dem offenen Schrank und starrte auf die Pullover und Jacken, und im Spiegel, der bis zum Boden reicht, sah ich etwas Graues, Unförmiges aus dem Nachthemd ragen.
Das Graue waren meine Beine, sie wuchsen zwischen zipfeligem Stoff hervor, und ich überlegte ohne Ergebnis, wann ich begonnen hatte, zipfelige, verwaschene Nachthemden zu tragen.
Mein Blick blieb an den Blumen hängen, die sich in meiner Bauchgegend sammelten.

Plötzlich wurde mir schlecht, so
vom Bauch aus, der mir unter
dem Stoff wie ein Grab vorkam,
auf dem sich Blumen sam-
meln, und dann gingen meine Beine rasch mit mir ins
Bad, meine Hände
zogen mir das Hemd
über den Kopf, die
Beine stiegen in die
Dusche mit mir,
und endlich spürte
ich den warmen
Strahl.

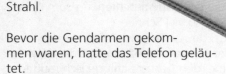

Bevor die Gendarmen gekommen waren, hatte das Telefon geläu-
tet.
Ich wartete eine Weile im Dunkeln, bis mein
Herz nicht mehr hüpfte, und ich sicher sein konnte, daß das
Telefon wirklich läutete und nicht nur irgendetwas in meinem Kopf.
Ich komme, sobald ich den Jungen in die Schule gebracht
habe, sagte Mia durchs Telefon, halt durch.
Ich überlegte, wieviel Zeit bis dahin vergehen würde und
sah, daß die Schubläden im Wohnzimmerschrank nicht
ordentlich geschlossen waren, was mich in diesem Moment
etwas beunruhigte. Ich stand auf, drückte sie zu und dachte an das Glück, das ich mit Mia habe.
Leider konnte sie nicht verhindern, daß es später an der Tür
läutete, und die Gendarmen draußen standen, ich sah ihre
verzerrten Schatten durch das Milchglas, sie drehten ihre
Mützen in den Händen, und der Kleinere strich sich über
den kahlen Kopf.
Ich hatte keine Möglichkeit, nicht da zu sein, ich stand im
Stiegenhaus, und die Gendarmen drückten auf die Klingel,
weil sie wußten, daß ich hier bin, irgendwer hatte sie ange-

rufen, vom Krankenhaus aus vermutlich, das ist in solchen Fällen üblich, das hätte ich jetzt fast wieder vergessen, sie konnten sich ihrer Sache also absolut sicher sein.

Halt. Du mußt dich beruhigen, komm, leg dich ein wenig hin, denk an gar nichts, würde Mia jetzt sagen, wenn sie Ephraim schon in die Schule gebracht hätte und endlich hier wäre.
Schon geht mein Atem ruhiger.
Vor den Fenstern hat sich der Schneefall verstärkt, es ist April, dicke Flocken fliegen ums Haus.
Wenn es schneit, kommt die Kinderzeit zurück, zurück, das sang unsere Großmutter, weißt du noch, sagte Mia vor kurzem, das war die, die wir beide mochten.
Aber doch nicht im April, so viel Schnee.

Ich gehe von Fenster zu Fenster, sehe hinaus in die Watte, die das Haus, die Bäume, den Garten schluckt. Ich muß für die Vögel Futter kaufen, denke ich, später.
Ich lege die Stirn an die Fensterscheibe. Am Fensterbrett draußen verhaken sich Kristalle, einen Atemzug lang sind ihre zarten Verästelungen zu sehen.
Als wir Kinder waren, wuchsen Eisblumen an den Fenstern, wütend kratzte ich sie weg, ich wollte hinaussehen können, ich kam mir wie lebendig begraben vor, das ist doch schön, rief Mia, laß das doch.
Das Schneetreiben nimmt zu, es beginnt mir zu gefallen, aber nun fällt mir ein, daß ich die Handtasche noch verstecken muß, ich habe sie im Vorhaus abgestellt oder vielleicht auf der Treppe.
Ich gehe ins Vorhaus, aber da ist sie nicht, und auf der Treppe liegt sie auch nicht, macht nichts, ich werde sie schon finden, es ist noch Zeit.
Jetzt ist draußen alles weiß, es könnte sein, daß der Wagen von Mia nicht anspringen oder der Schneepflug erst am späten Vormittag fahren wird, vielleicht hat sie auch schon Sommerreifen drauf. Wenn das so weitergeht mit dem

Schnee, kommt sie vielleicht den Hügel nicht herauf, unser abgelegenes Haus vergessen die von der Gemeinde immer, immerzu.
Die Kaffeemaschine faucht, ich gieße mir Kaffee in die Tasse ein, huste und trinke.
So eine Stille.
Ein Knopfdruck.
Die islamischen Terroristen drohen weiterhin mit Erschießung aller Geiseln. Kursstürze. Warten, essen, ein paar Tabletten schlucken. Die Ölpest weitet sich immer mehr aus, mal sehen, ob hinten in der Garage noch immer das Vogelhaus steht, die Wirtschaft erwartet gute Prognosen, Entschädigungszahlungen am Rande des Scheiterns, ich streiche Butter, lege Käsestücke aufs Brot, Niederschläge. Ich schalte die Werbung ab, schlucke die Brotbissen hinunter. Neben der Kaffeemaschine liegt die offene Packung, ich drücke den Daumen gegen die Klarsichtfolie.

Diese Misttabletten, würde Mia sofort sagen und sie mir wegnehmen wollen, und ich würde lachen, weil sie einen Vogel hat mit ihrem Wettern gegen die Schulmedizin, und sie vor ihren Augen hinunterspülen, so wie jetzt.
Später, wenn sie gekommen sein wird, wird sie mich anschauen mit diesen Fragezeichen in den Augen, und dann wird sie mir das Bad einlassen oder mich massieren oder sagen, komm, wir gehen schwimmen, Punkt und keine Widerrede, jetzt ist Erholung angesagt.
Wenn ich mich dann richtig gut erholt haben werde, werden wir vielleicht über meine Söhne reden. Mia fragt mich nicht oft nach meinen Söhnen, sie fragt mich alle paar Monate wie nebenbei, und ich sage immer, es ginge ihnen prächtig.
Meine prächtigen Söhne.
Einmal hat Thomas mich beim Wiedersehen so umarmt, daß er mir die unterste linke Rippe brach, wir hörten beide dieses starke Knacken, er lachte, ich sah seine weißen Zähne, er trat einen Schritt zurück, lachte mir seinen Unglauben ins Gesicht.

Er hatte nicht begriffen, daß dieser Bruch zu meinem Körper gehörte und nicht zu seinem.

Von Fenster zu Fenster wandere ich, es ist acht Uhr fünf. Vor zehn Minuten hat Mia Ephraim in die Schule gebracht, jetzt sitzt sie im Auto auf dem Weg zu mir, da bin ich mir sicher. Wir sind beide pünktlich und ordentlich, wir zwei Schwestern, wenn uns etwas wichtig ist, da kennen wir nichts.
Sie braucht zwanzig Minuten hierher, unterwegs wird sie keine Besorgungen machen, nicht zum Arzt gehen und nicht in den Supermarkt, sie weiß, worauf es ankommt, es kommt auf die Schneelage an und auf die Reifen, und ob sie unten im Ort schon den Schneepflug haben fahren lassen, die von der Gemeinde, diese Ignoranten, diese Schneeverbrecher.
Ich schalte das Radio wieder ein, aber es hat sich in der Welt nichts geändert.
Später, wenn es zu schneien aufgehört haben wird, werde ich das Vogelhaus holen und die Körner, die irgendwo noch herumliegen.

Die Vögel kommen dann zu Hunderten, aus allen Himmelsrichtungen, als hätten sie nur auf den Aprilschnee gewartet, damit sie sich hier im Garten vergnügen können, hier bei mir.
Auch die Kinder mochten die Vögel im Schnee, ich sehe sie noch mit den Armen fuchteln und einen Namen rufen, Max, ja, Max hieß jeder Vogel, komm jetzt endlich her, Max, rief Jonas, und Thomas lachte über den kleinen Bruder.
Jonas verlangte immer, daß ich ihm Geschichten erzähle, er rollte sich als kleines Kind auf meinem Schoß zusammen, er steckte seinen Kopf zwischen meine Beine, als wolle er kopfüber zurückkriechen in meinen Bauch, mit verwunderten Augen sah er mich an.
Ich aber schüttelte den Kopf und lachte.

Es ist so still hier, nur die Heizung summt ein wenig, Thomas und Jonas, manchmal betrachte ich ihre Kinderfotos und summe die Lieder, die ich ihnen vorgesungen habe, von ihrem ersten Lebenstag an habe ich ihnen vorgesungen, alles, was mir einfiel, einfach drauflos.
Mitten im Singen fielen mir die Melodien und Sätze ein, und je lauter ich sang, desto schneller schliefen die beiden ein.

Es ist acht Uhr sieben, ich blättere die Fernsehzeitschriften durch, notiere mir genau meine Serien, heute wird Betty von Tom verlassen, das war gestern schon abzusehen, aber sie ist eine Durchtriebene und hat schon vorgesorgt.
Mia gefällt das nicht so sehr, ist mein Eindruck, sie wird lächeln, wenn sie kommt, und ihre Haare werden dabei glänzen, frisch und falsch, ich glaube, sie will mich von meinen Serien abhalten, sie kommt oft am Nachmittag hereingeschneit, sie sieht mich an, als würde sie mir eine Hausputzaktion vorschlagen wollen oder sie seufzt betont laut, ich sitze mit meiner Fernbedienung da und denke, na und. Gewöhnlich will sie mich zum Spazierengehen schleppen oder in das Kaffeehaus, aber das ist mir zu voll, die Menschen vom Ort unten mit ihren neugierigen Nasen und roten Wangen, wie sie mir ihren Rauch entgegenblasen, und die Kellnerin lächelt so schief.

Aber das ist doch schon fünf Jahre her, ruft Mia, es gibt doch längst eine andere Kellnerin, und viele Leute kennen dich schon nicht mehr, und außerdem mußt du wieder einmal raus, raus hier, raus.
Ich muß gar nichts, sage ich dann, der Mensch muß gar nichts, außer sterben, Mia schiebt ihre Unterlippe vor, sie bläst den Atem heraus, es wirkt nicht besonders vorteilhaft, sie stützt sich auf die Sessellehne mit beiden Armen, ich sehe die weißen Knöchel auf ihren Handrücken, und schließlich sagt sie, mir zuliebe, bitte.

Ihr zuliebe gehe ich also hin und wieder spazieren, wir

suchen uns abgelegene Waldwege, auch ins Schwimmbad gehe ich mit ihr, aber nicht in das vom Ort, sondern in dasjenige fünfundzwanzig Kilometer weiter in der nächstgrößeren Stadt, wo ich niemanden kenne und niemand sieht, daß ich zugenommen habe oder abgenommen oder zehn oder zwanzig Jahre älter geworden bin.
Manchmal werden wir angesprochen, wenn wir auf unseren Liegen plaudern im Ruheraum, wir sind freundlich, das heißt, Mia plaudert dann weiter, und ich blättere in den Zeitschriften herum.
Ich liege gerne an der Fensterwand, sehe in die Landschaft hinaus, nichts, sage ich, wenn Mia sich vorbeugt und, woran denkst du, fragt.
Manchmal spricht uns ein Mann an, das heißt, Mia wird angesprochen, und ich sehe ihre blitzenden Augen, wenn er ihr gefällt, sie bewegt ihre Hände schnell in der Luft, damit er sehen kann, wie schön sie geraten sind, und wenn wir nach Hause fahren, sage ich, naaa, und Mia sagt, ach, was weiß man denn schon.

Ab und zu meldet sich ein Mann, wenn ich bei ihr anrufe, aber es ist nie lange ein und dieselbe Stimme, dafür habe ich ein feines Gehör, Ephraim freut sich, wenn ein Freund mit ihm spielt, sagt Mia, wenn ich sage, paß auf das Kind auf, du weißt, wie schnell sowas geht.
Sie tut dann immer, als wäre die Verbindung schlecht, Hallo, ruft sie, Hallo, kannst du mich hören, dabei ist die Verbindung immer hervorragend, ich höre das glucksende Lachen von Ephraim und das tiefere Lachen von dem neuen Mann.

Es ist acht Uhr zehn, ich räume das Kaffeegeschirr in den Geschirrspüler, später werde ich waschen und trocknen, Schnee schaufeln werde ich, damit niemand ausrutscht vor meinem Haus, denn da würde ich mich strafbar machen, falls wer vorbeigehen würde, was ja durchaus einmal vorkommen kann.
Mia geht immer unten herum, sie steigt nicht die Treppen herauf, sie kommt durch das Gartentor und nimmt gleich die Post mit, wenn welche da ist.
Manchmal sind früher Einladungen für mich zu Geburtstagsessen oder Hausumbaufeiern gekommen, wie schön, sagte Mia, aber ich wußte genau, was dahintersteckte, es war ein Komplott, es waren Bekannte von ihr, ladet doch meine Schwester ein, hatte sie ihnen gesagt, wahrscheinlich, aber das war dann auch schnell wieder vorbei.
Ich schüttle das Bett auf, zupfe die Überdecke zurecht, schließe den Kleiderkasten. Im Spiegel ist etwas Verwischtes in hellen Farben, ich trage gerne Pastell.
Schwarz ist scheußlich, das steht dir nicht, fanden auch Thomas und Jonas, sie schenkten mir einmal eine Seidenbluse in Beige, zu Weihnachten, glaube ich, ich bin mir nicht mehr sicher. Sie ist viel zu schade, sie liegt in Papier gehüllt im Kasten, manchmal streiche ich darüber, das knistert so fein.

Es ist acht Uhr fünfzehn, wenn es nicht immer noch schnei-

en würde, könnte ich jetzt ganz sicher sein, daß Mias Kopf gleich am Fenster auftauchen wird, ihr Lachen werde ich hören durch die Glasscheibe, ihr Klopfen an der Tür.
Ich werde ihr öffnen, ihr Blick wird über mein Gesicht streifen, über jede Falte und Pore, denn deine Haut erzählt mir, wie es dir geht, hat sie einmal gesagt, auch wenn du dich verstecken willst vor mir.
Ich will mich gar nicht vor ihr verstecken, das sieht sie völlig falsch, aber dann wird sie SoeinWettersoeinSchnee rufen und sich schütteln im Stiegenhaus, JetztmacheichdirsoeinenDreck, wird sie rufen, und ich, AchichhabejaZeit.
Vorher muß ich aber jetzt wirklich die Handtasche finden, damit Mia sie nicht findet, und einen Schrei ausstößt, dada, da ist ja meine Handtasche, meine Handtasche, die ich vor so langer Zeit, um Himmelswillen, wie kommt meine Handtasche, wie kommt die hierher, ich kann mir ihr Gestammel gut vorstellen, das Blasswerden und Herumheulen, und was dann alles besprochen werden müßte, und deswegen muß die Handtasche gefunden und versteckt werden.
Ich gehe durch die Zimmer des Hauses, von einem zum nächsten, ich sehe überall nach, wische hier ein wenig, rücke da zurecht, ich bin vergeßlich geworden, die Handtasche kann doch nicht einfach verschwunden sein in diesem kleinen Haus, das aber zu groß ist für eine Person, wie ich gehört habe.
Ich habe es von den Leuten gehört, sie tuschelten, als ich vor langer Zeit im Ort unten an der Supermarktkasse gewartet habe, und in der Apotheke habe ich es erneut gehört, dann auf der Straße, aber das ist auch schon wieder sehr lange her.
Ich gieße die Pflanzen, ich muß überlegen, das Wasser schwappt über die Tellerränder, tropft mir auf die Zehen.
Ich setze mich auf den Boden und wärme meine Füsse am Heizkörper.
Wenn Mia nicht bald auftaucht, werde ich wieder graue Beine bekommen, und die Gendarmen ihre Mützen in den

Händen drehen und unten an der Haustür läuten.
Wovor fürchtest du dich am meisten, hat Mia einmal gefragt, als ich auf der Couch lag und sie meine Hand hielt. Ich mußte nicht lange nachdenken, eigentlich habe ich keine Sekunde über diese Frage nachgedacht, ich war selbst ein wenig erstaunt, wie aus meinem Mund die Antwort sprang, direkt hinein in Mias bemühtes Gesicht.
Am meisten fürchte ich mich vor dem Blick des Kahlköpfigen, warum, fragte Mia, den mußt du vergessen, sagte sie, du mußt den Blick vergessen, den bildest du dir sicher ein, diesen Blick.
Ich stehe auf, sehe durchs Fenster, jetzt kann man sich das gar nicht vorstellen, daß draußen schon Krokusse stehen, Märzenbecher, Frühlingsknotenblumen, die werden alle erfrieren und später werden die Maulwurfshügel zu sehen sein, die natürlich auch.

Unsere Großmutter hat es immer mit Gas gemacht, ich erinnerte mich daran in dem Sommer, als sie plötzlich anfingen den Garten zu versauen mit ihren kleinen braunen Grabhügeln, ich machs wie Großmutter, sagte ich zu Mia, wie die, die wir beide immer mochten.
Acht Uhr zwanzig.
Schaff dir doch einen Hund an, schlägt Mia immer wieder vor, oder wenigstens einen Vogel, damit du etwas Lebendiges im Haus hast, meinst du nicht.
Nein, nein, sage ich dann immer, ich habe doch die Vögel draußen, und ab und zu springen Hasen oder Rehe durch den Garten, oder eine Katze streicht vorbei. Ich sehe

ihnen zu, sie brauchen keine Hilfe, und ich, ich freue mich.
Nein, die Tiere in Gefangenschaft, das ist doch nichts, frei müssen Tiere sein, sich bewegen können, das Schlimmste war, als ich das letzte Mal im Zoo war mit Mia und Ephraim. Die Fahrt dahin war halbwegs erträglich trotz Hitze und Staus, aber als ich die ersten Panther hinter den Gitterstäben herumschleichen gesehen habe, hin und her und hin und her, wie ein aufgezogenes Spielzeug, da habe ich gesagt, nein, ich gehe keinen Schritt weiter, ihr könnt machen, was ihr wollt, aber ohne mich.
Ephraim begann zu heulen, er war noch sehr klein damals, er dachte, die Tiere wären krank oder ich, und Mia wurde ganz grün im Gesicht, ich setzte mich auf eine Bank, sie zog mit dem Kleinen zum Eisstand ab.

Manchmal spricht Mia von unseren Eltern, und ich frage, möchtest du heute Tee oder Kaffee.
Meistens liegt draußen Schnee, wenn Mia von unseren Eltern spricht, bei Schnee fallen ihr am ehesten die Eltern ein, aber der Schnee hat nichts zu tun mit ihnen, sie starben beide im Grün und im herrlichsten Sonnenschein.
Die Handtasche könnte im Schlafzimmer sein, vielleicht habe ich sie einfach in eine Schublade gesteckt oder zwischen die Pullover, mal sehen.
Ich strecke die Hand aus nach der Schachtel mit der Bluse, das Seidenpapier knistert, und plötzlich knistert ein Satz in meinem Ohr,

So ein Kind müßte man eigentlich gleich umbringen, jetzt rauscht es wie bei einer gestörten Telefonleitung, ich bleibe vor der offenen Tür stehen und lege die Hand aufs Herz, ja das ist die Stimme von Thomas, er sagte diesen Satz, als er noch hier lebte, das war, bevor er nach Amerika ging und seinen Erfolg machte, er sagte, mein Vater hätte diesen Satz gesagt, als die kleine Kusine damals auf die Welt gekommen war, ein klebriger Maulwurf, etwas schwer Behindertes, wir haben alle genickt damals, sagte Thomas,

du auch, Mama, du kannst doch nicht immer alles vergessen, erinnere dich doch, ich selbst war ja erst zwölf, sagte Thomas, wir haben das alle richtig gefunden, keiner von uns, niemand sagte, Opa, was redest du denn da.
Willst du ein Bier haben, fragte ich Thomas damals, als er sich an die kleine Kusine und den Opa und uns alle erinnerte, ich hab schönes Bier eingekauft, wir zwei standen um den Kühlschrank herum, Thomas sah mich an, es war so ein Blick, ich drehte den Kopf zur Seite, und als ich ihn wieder in Richtung Tür drehte, war kein Thomas mehr da.

Acht Uhr dreißig.
Er hat es nicht so gemeint, sagte Mia später, als Thomas mir schon längst durch die Glasscheibe am Flughafen zugewunken hatte, das ist eine ganz gesunde Rebellion, er muß gegen die Familie sein, in seinem Alter, sonst wäre er doch nicht normal.
Jaja, sagte ich, jaja, und dann dachte ich an Jonas, und Jonas kam abends nach Hause und sagte, danke, aber er würde fasten.
Der Sekundenzeiger knarzt, wenn man in der Nähe der Uhr steht, ich horche, aber nichts rührt sich sonst, nichts innen und außen, und lautlos legt sich der Schnee ums Haus.
Wo die Handtasche ist, weiß ich noch immer nicht, aber wenn ich sie nicht sehe, wird Mia sie auch nicht sehen, warum ist mir dieser Gedanke bisher nicht gekommen, bei diesem Gedanken fühle ich mich plötzlich leicht und frei.
Meine Füsse machen einige Schritte über den Teppichboden, als würden sie abheben wollen, vor den Fotos auf der Kommode bleiben sie aber stehen.

Später mußte ich ja einsehen, daß ich mich getäuscht hatte, Jonas kam nach Hause und hatte leuchtende Augen, die hätte er von Gott geschenkt bekommen, sagte er, ich dachte, das würde sich schon wieder geben, der Junge muß Phasen durchmachen, aber die Erleuchtungs-Phase blieb.
Auch Mia war so jung damals, mit frechen Beinen, sie hob

das Glas, rollte die Augen, als ich sagte, ich könnte noch
ein drittes Kind bekommen, etwas Kleines, Süßes, es würde
erst erwachsen sein, wenn ich schon sehr alt wäre, und was
sagt Josef dazu, fragte Mia, zupfte den Rock über die
Schenkel und verschluckte sich.
Ja, es stimmt, Josef ging damals im Haus umher wie ein
Gespenst, er kam nachts und schlief im anderen Zimmer,
morgens ging die Spülung, später sprangen draußen die
Kieselsteine von den Reifen. Josef stieg aufs Gaspedal, als
könnte er nicht schnell genug vom Haus wegkommen, er
raste in die Firma, die Firma war das Leben, was willst du,
sagte er, ohne Firma kein Haus, kein Wohlstand, er hatte
ja recht.
Wenn das Haus fertig ist, kommt der Tod, habe ich einmal
in einem Kulturbericht gehört, ich wollte den Satz vergessen, aber der Satz hat mich nicht vergessen, du darfst das
alles nicht so ernst nehmen, kreischte Mia, als ich bald darauf die Josefshand zwischen ihren Beinen entdeckte.

Ich gehe aus dem Schlafzimmer, übersehe den Staub auf
dem Treppengeländer, heute werde ich großzügig sein,
ganz ruhig bleiben, ich öffne die Tür zum Kinderzimmer,
das ist der wärmste Raum.
Na, singst du schon wieder, sagt Mia manchmal, wenn sie
mich hier findet, und mein Kopf wird rot, weil ich gar nicht
bemerke, wenn ich Ein Männlein steht im Walde singe oder
Ich weiß nicht, was soll es bedeuten.
Mein Fuß stößt an den Bagger am Boden, die übrigen
Autos liegen verstreut, die Teddybären glotzen, zwei Hasen
grinsen.
Aber auch sie wissen nicht, wo ich die Handtasche versteckt habe.

An manchen Tagen sagt Mia, komm, gehen wir zum Friedhof, die Bewegung tut uns gut.
Wenn wir durchs Friedhofstor gehen, denke ich mir immer,
es ist ja gar nicht so schlimm, die Gräber sehen aus wie Bee-

te, die Steine sind kühl, es ist endlich einmal so richtig still.
Zuerst gehen wir immer zu den Eltern, sie haben ein prächtiges Grab, bunte Blumen, Lichter, Mia ist eine begabte Gärtnerin, und wenn ich das sage, wackelt sie mit dem Kopf.
Wir unterhalten uns über die Mühe, die es ihr bereitet, neben Ephraim, Büro und Haushalt noch die Gräber zu pflegen, ich nicke und stecke ihr Geld zu, das ich später wieder in einem Topf oder in der Obstschale finden werde, dann gehen wir weiter in die nächste Reihe.
Auch das Grab ganz hinten ist gut bepflanzt, wenn auch nicht so üppig, Josef wäre auch für Schlichtheit gewesen, sagt Mia immer, und da hat sie recht.
Ich stehe dann am Grab, Mia zündet die Kerzen an, mir ist zu warm oder zu kalt mittlerweile, je nach Wetterlage, ich hauche in die Hände oder ziehe mir die Jacke aus, tja, sagt Mia, dann wollen wir wieder, nicht.
Dann wollen wir wieder, sagte ich damals zu Josef, wir wollen wieder zusammen sein, nicht wahr Josef, du vergißt Mia, ich vergesse, was sie getan hat, was ihr getan habt, ich vergesse alles, wir sind wieder eine Familie, auch wenn Thomas dich einen Versager nennt, weil du dich nie gewehrt hast gegen meinen und deinen Vater, und Jonas sagte gar nichts, er schlug das Kreuz.
Damals ging Josef wieder im Haus umher, ab und zu stand er in der Tür zu meinem Zimmer, das früher unser Schlafzimmer war, er hatte so eine scheue Art in der Tür zu stehen, die Kieselsteine sprangen nicht mehr so streng von den Reifen weg, über dieses und jenes sprachen wir, über dieses und jenes nicht, und Mia wurde schwanger von einem neuen Mann.
Aus Amerika kamen Karten, Jonas bekam einen Auftrag von Gott, er mußte nach Indien, in die Mongolei, in der Firma häuften sich Probleme, jetzt haben wir nur noch uns beide, lachte ich.
Josef lachte auch und gab Gas.

Die Uhr im Kinderzimmer ist stehengeblieben, aber ich bin sicher, daß Mia jetzt gleich kommen wird, jetzt ist auch der Himmel heller geworden, vor dem Fenster bewegen sich nur mehr vereinzelte Flocken, wie in Zeitlupe, so langsam, als würden sie niemals unten ankommen wollen, bald werden die Straßen frei sein, ich höre mich singen, es läutet, das Singen bleibt in der Luft hängen, es läutet, ich weiß, was es bedeutet, ich wußte es schon damals, was es bedeutet, ich werde nach unten gehen, ich habe mein Nachthemd an, ich habe wirre Haare, es ist früher Morgen, durch die Milchglastür sehe ich die verzerrten Schatten der Gendarmen, ich werde ihnen öffnen, sie werden mir in die Augen sehen und nicht in die Augen sehen, weiter unten wird ein Mund sich öffnen, der von dem Größeren, er wird die Mütze in der Hand drehen, von einem Unfall oder einem Selbstmord sprechen, von Leidtun und trauriger Pflicht, der Kleinere wird über seinen kahlen Kopf streichen, ich werde sie und mich in der Kälte stehen lassen, ich werde hören, daß Josef gegen einen Baum gefahren ist, daß man alles untersuchen müsse, daß noch kein Ergebnis vorliege, daß meine Schwester bald kommen werde, ob ich jetzt allein sein könne, ob ich diese Handtasche kenne, die meiner Schwester zu gehören scheine, sie sei im Auto gelegen, am Beifahrersitz eingeklemmt, daher zerbeult, ihr Inhalt weise sie als die und die aus, ja, das stimmt, werde ich sagen, gehen Sie nur, alles stimmt, ich werde sehen, wie sich der Himmel blassblau zurückziehen und der eine sich noch einmal umdrehen wird, genau in dem Moment, in dem eine Schneeflocke auf seiner grauen Schulter zergehen wird, und sein Blick mich trifft.

Von einer Handtaschenwette in Zeiten der Chaostheorie

VON JUTTA REICHELT

" ... bestehen aus psychologischer Sicht keinerlei Bedenken gegenüber einer Weiterbeschäftigung des M. an seinem derzeitigen Arbeitsplatz."
Dieser Satz hat mein Leben zerstört. Vielleicht gehe ich zu weit, wenn ich von Zerstörung spreche, aber wie soll ich es sonst bezeichnen, hat mich dieser Satz doch Ehe, Job und jeglichen Seelenfrieden gekostet.
Sechs Monate sind seither vergangen, und ich bin nicht in der Lage, etwas anderes zu tun, als darüber nachzudenken, wie mir dieser Fehler unterlaufen konnte.
Was meine Grübeleien bislang zu Tage brachten ist folgendes:
Der 5. April muss ein Tag gewesen sein, für den der Wetterbericht der Sieben-Uhr-Nachrichten eine Regenwahrscheinlichkeit von null Prozent behauptete, denn nur an solchen Tagen fahre ich mit dem Fahrrad zur Arbeit, was ich meinem Notizbuch zu folge tat. Vermutlich wird es zu einem kleinen Wortwechsel mit meiner Frau gekommen sein, da sie der mehrfach geäußerten Ansicht ist, dass nur der trockene Hinweg von Bedeutung für mich sei und für diesen ein Blick aus dem Fenster eine hinreichende Entscheidungsgrundlage böte. Es mögen sich daran Überlegungen zur Verlässlichkeit von Wetterprognosen oder zum Wesen der Prozentrechnung angeschlossen haben, aber derlei betrieben wir mit einer morgendlichen Disziplin wie andere Menschen Frühsport, so dass eher das Ausbleiben eines solchen Geplänkels bemerkenswert und von daher für mich erinnerlich wäre.
Anders verhält es sich da schon mit dem Wetter. Auch ohne Rückgriff auf mein Notizbuch, kann ich mich an einen gänzlich unbewölkten, tief blauen Himmel erinnern, der eine nicht vorhandene Nähe des Meeres vermuten lässt.

Wer je in Norddeutschland gelebt hat, weiß wie selten und daher beschwingend ein solcher Tagesbeginn ist. Daher nahm ich auch nicht den kürzesten Weg zu meiner Arbeitsstelle, sondern erlaubte mir einen kleinen Umweg, der mir längere Straßenpassagen ersparte und in Verbindung mit dem Wetter dazu beitrug, dass ich in ungewohnt guter, ich muss wohl rückblickend sagen, unangemessen heiterer Stimmung mein Büro in der Abteilung ‚Psychologischer Dienst' der hiesigen Sparkasse betrat.

Inwieweit sich diese emotionale Verfassung auf meine morgendlichen Aktivitäten auswirkte, vermag ich nicht eindeutig zu bestimmen. Einer Teamsitzung zur Vorbereitung eines Führungskräfteseminars mit dem Thema "Neue Strategien zur effektiven Mitarbeitermotivation" folgte ein Termin mit einer Kreditsachbearbeiterin, der ich erfolgreich eine Entgiftungskur nahe legte. War meine emotionale Verfassung hier möglicherweise von Vorteil? Hatte sie hier genützt, wo sie später grauenhafte Konsequenzen mitverursacht hatte?

Der erfolgreiche Verlauf des Gesprächs, mit Sicherheit auch Sorge, mich bei meinen Kollegen unbeliebt zu machen, wenn ich mich ein weiteres mal separierte, ja, auch das Wetter muss ich erneut erwähnen, das alles führte dazu, dass ich nicht wie sonst in die Kantine zum Mittagessen ging, sondern im Kollegenkreis bei einem nahe gelegenen Italiener einkehrte.

Hätte ich ohne das Glas Rotwein zum Essen das Massaker drei Wochen später verhindern können? Auch hier tendiere ich zu einem klaren ‚Ja'.

In dem Zusammenhang kann ich auch meine Sekretärin - sie ist meine nur in dem Sinn, dass sie auch für mich, nicht jedoch nur für mich arbeitet - nicht völlig von einer Teilschuld freisprechen, denn sie hat die oft genug wiederholte Weisung, keinerlei Gesprächstermine in die Zeit zwischen 14 und 15 Uhr zu legen. Sie aber gab ohne jede Not dem M. einen Termin für 14.30 Uhr! Wer will je wissen, ob ich eine halbe Stunde später nicht wacher, aufmerksamer -

alles in allem muss ich wohl sagen, sorgfältiger gewesen wäre.
M. muss pünktlich gewesen sein, anderes hätte ich in meinen Aufzeichnungen notiert, was heißt, dass er zwischen 14.25 Uhr und 14.35 Uhr mein Büro betrat. Schon in diesem Moment war er mir sympathisch, ich muss dies zu meinem Nachteil gestehen. Unverkennbar, dass ihm der Termin peinlich war, aber er nahm auf dem von mir angebotenen Stuhl Platz ohne vorauseilende Entschuldigungen, wie ich sie so häufig zu hören bekomme. Zu seiner Erscheinung notierte ich "gutauss., sportlicher Typ, wirkt mind. 5 Jahre jünger". Die Begutachtung war auf Grund der Initiative des Filialleiters des M. veranlasst worden, der mir zu den Gründen folgenden Sachverhalt mitgeteilt hatte: Der M. war bei einer routinemäßigen Kontrolle dabei beobachtet worden, wie er während seiner Arbeit als Kassierer Aufzeichnungen machte, die erkennbar in keinem Zusammenhang mit seiner Arbeit standen. Befragt, zeigte er wenig Einsicht in sein Fehlverhalten und gab an, veranlasst durch eine Wette mit seiner Tochter eine empirische Erhebung durchgeführt zu haben, die die Frage klären sollte, wie groß der Anteil Frauen sei, die mit einer Handtasche an den Schalter träten. Bei der weiteren Untersuchung des Vorfalls räumten Kollegen des M. ein, dass sie sich bereit erklärt hätten, für den Zeitraum von einer Woche an dieser "Untersuchung" aktiv mitzuwirken. Zwei Mitarbeiter gaben an, dass sie sich nur beteiligt hätten, weil ihnen der M. durch jahrzehntelange Kollegenschaft als unbedingt integer und pflichtbewusst bekannt gewesen sei und sie sich daher "keine großen Gedanken darüber gemacht hätten". Ein sich noch in der Probezeit befindender Mitarbeiter behauptet hingegen, der M. habe die Erhebung ihm gegenüber

als "Dienstanweisung" bezeichnet, die im Rahmen einer Aktion zur Diebstahlprävention durchgeführt werde, ein privater Hintergrund sei ihm nicht bekannt gewesen. Des weiteren wurde festgestellt, dass der M. auch Kollegen, die in anderen Filialen arbeiten, ihm aber durch seine lange Betriebszugehörigkeit bekannt waren, ebenfalls zur Mitarbeit anstiftete. Abschließend wurde in dem Schreiben darauf hingewiesen, dass die Arbeit eines Kassierers ein außergewöhnlich hohes Maß an Konzentration und Verantwortungsbewusstsein erfordere und M. eindeutig und in eklatanter Weise gegen die entsprechenden Dienstvorschriften verstoßen habe, dass man aber auf Grund seiner 34-jährigen überaus pflichtbewussten und keinerlei Anlass zur Kritik erlaubenden Mitarbeit bereit sei, es bei einer Abmahnung zu belassen, wenn M. sein Fehlverhalten in vollem Umfang einsähe und die Wiederholung eines solchen Vorfalls zweifelsfrei und für die Zukunft ausgeschlossen werden könne.

Muss ich erwähnen, dass ich diesen Bericht in der hinlänglich beschriebenen emotionalen Verfassung des betreffenden Tages nicht ohne ein leichtes Schmunzeln erinnerte? Mein Berufsalltag besteht aus Alkoholproblemen, aus vermeintlichen Simulanten, einer kleinen Zahl von Mobbing-Opfern und einer rasant steigenden Zahl von Personen, die ihre gesamte Umgebung damit terrorisieren, dass sie sich für eben solche Opfer halten.

Der Fall M. bot mir eine hochwillkommene Abwechslung und vermutlich assoziierte ich mit Worten wie "Tochter", "Wette" und "Handtasche" fatalerweise eine gewisse Banalität, wiewohl ich bei der ursprünglichen Lektüre des Berichtes die Möglichkeit gesehen hatte, dass die eher harmlos anmutende Verfehlung Vorbote oder auch Folge ernstzunehmender und die Arbeitsfähigkeit beeinträchtigender Probleme sein konnte.

Entsprechend der üblichen therapeutischen Vorgehensweise bat ich M. zunächst um eine Schilderung der fraglichen Vorfälle. Dies löste bei ihm eine spürbare Betretenheit aus,

die allerdings keinerlei Zeichen von Unterwürfigkeit trug.
Er fragte, ob er sich auf die Vorkommnisse am Arbeitsplatz beschränken oder die Geschichte von ihrem Anfang her erzählen solle.
Ich ermunterte ihn selbstverständlich zu letzterem und er berichtete, dass er seiner Tochter Hannah zu ihrem 18. Geburtstag eine wertvolle Handtasche geschenkt habe, wie er übrigens auch seiner Frau zu jedem Geburtstag neben anderem stets eine Handtasche schenke. Seine Tochter habe das Geschenk als unpassend empfunden und zunächst den Eindruck erweckt, als sei es das konkrete Modell, welches nicht ihrem Geschmack entspräche. Nach mehreren Familienausflügen in die Innenstadt und der Suche nach einer passenden Tasche, die sämtlich ergebnislos blieben, gestand die Tochter, dass sie lieber einen Lederrucksack trüge. M. erwähnte, dass er seiner Tochter gegenüber Bedauern über diesen Wunsch äußerte, schiene er ihm doch als typisches Zeichen für die stark rückläufige Verwendung von Handtaschen. Mit dieser Befürchtung konfrontiert, habe seine Tochter entgegnet, davon könne keine Rede sein, allein sie persönlich würde momentan einen Rucksack bevorzugen, dies könne sich aber jederzeit ändern und sie sähe mehr Frauen mit Handtasche als solche mit Rucksack.
Das war die Geburtsstunde der Wette, die später ihrem Vater und fünf weiteren Menschen das Leben kosten sollte. Vater und Tochter einigten sich also, dass M. mittels einer angemessenen Stichprobe den Sachverhalt ergründen solle. Ermittle er mehr als 50 Prozent Handtaschenträgerinnen unter den Kundinnen, solle die Tochter einen Rucksack ihrer Wahl erhalten, andernfalls wäre Hannah verpflichtet, an fünf von M. festzusetzenden Tagen eine Handtasche seiner Wahl für jeweils mindestens drei Stunden außerhalb des Haushalts mit sich zu tragen.
M. erzählte dies alles in einem belustigten Ton, der keine Zweifel daran aufkommen ließ, dass er über die gebotene Distanz zu dieser doch etwas albern oder skurril anmutenden Geschichte verfügte.

Ich fragte ihn, wie er zum jetzigen Zeitpunkt sein Verhalten einschätze. Nach längerem Nachdenken äußerte er seine Beschämung sowohl über sein Verhalten, als auch über die Tatsache, dass er es spontan seinem Vorgesetzten gegenüber unangemessen heruntergespielt und als Lappalie bezeichnet habe.
Als ich ihn bat, in die Rolle eines Anwalts in eigener Sache zu schlüpfen, zeigte er starkes Unbehagen. Sicherlich könne er manches zu seinen Gunsten vorbringen, doch wolle er unter keinen Umständen den Eindruck erwecken, als sei ihm an einer schlechterdings nicht möglichen Rechtfertigung seines Verhaltens gelegen. Erst als ich ihm unmissverständlich klar machte, dass für meine Begutachtung die Kenntnis sämtlicher Details unbedingt erforderlich sei, war er bereit, mir das Folgende mitzuteilen:
Wie in diesem Alter nicht anders zu erwarten, gestalte sich die Beziehung zu seiner Tochter schwierig. Auch wenn es keinerlei Anlass zu Sorge gäbe - Schule, Freunde, das sei alles in Ordnung - so wäre es doch außerordentlich schwierig für ihn, mit ihr ins Gespräch zu kommen. Im nachhinein sei er froh, dass das missglückte Geschenk Anlass für Gespräche und Unternehmungen geboten habe, zumal die Wette und das ganze Drumherum für viel Heiterkeit in der ganzen Familie gesorgt habe. Ihm selber seien Handtaschen und die Häufigkeit ihrer Verwendung nicht nur kein Anliegen, sondern fürchterlich egal, die regelmäßigen Geschenke an seine Frau einzig einem liebenswerten Tick ihrerseits geschuldet. Es sei ein Spiel gewesen, das ihn so eingenommen habe, dass es zu seinem kaum zu schildernden Bedauern in seinen Beruf hineingeraten sei, Übermut und vielleicht auch väterliches Imponiergehabe hätten eine Rolle gespielt, es tue ihm unendlich leid, dass er auch noch Kollegen, zumal den F., der sich noch in der Probezeit befinde, involviert habe, wenngleich er, selbstverständlich nur in der geforderten Rolle des Anwalts, noch auf eines hinweisen wolle: Ohne Frage erfordere der Beruf des Kassierers ein hohes Pflicht- wie auch Verantwortungsgefühl und sämtli-

che Kollegen wie auch ihn selber zeichne ein nicht geringer Stolz aus, diese Position einnehmen zu dürfen. Es sei aber bei vielen Vorgesetzten mangelnde Kenntnis über die Bedeutung von Erfahrung und Routine vorhanden und insbesondere über übliche Spielchen und bisweilen auch Wetten, die unter Kassierern durchaus mehrerer Filialen verbreitet seien.
Auf meine Nachfrage berichtete M. von einem quasi geheimen, monatlichen Wettbewerb, welchem Kassierer es gelänge, die meisten, bei der Bevölkerung ungeliebten 200 DM-Scheine auszuzahlen. Nicht zuletzt wolle er als Anwalt darauf hinweisen, dass die bevorstehende Einführung des Euro die oberen Etagen, so sagte er wörtlich, in einen Zustand außerordentlicher Nervosität und Gereiztheit versetzen würde.
M. fragte dann, ob er zum Schluss noch etwas als M. und nicht in der Rolle des Anwalts sagen dürfe. Nachdem ich dies bejaht hatte, äußerte er nochmals sein Bedauern und appellierte an meinen und gewissermaßen seinen eigenen gesunden Menschenverstand. Ich könne doch nach Kenntnis seiner Personalakte nicht wirklich glauben, dass er wenige Jahre vor dem Ruhestand und mit dem jetzt schmerzlich erlangten Wissen dem einen Fehler, den er nicht herunterspielen wolle, auch nur einen einzigen weiteren folgen lasse.
Danach stand er einfach auf. Er hatte dem Gesagten nichts hinzuzufügen und kam wohl gar nicht auf die Idee, ich könne weitere Fragen haben. Hätte ich ihn doch nur festgehalten!
Aber nein, wie ein blutiger Anfänger ließ ich mich von dem Auftritt mitreißen, hatte in dem Moment tatsächlich keine weiteren Fragen im Kopf, sondern sonnte mich, nachdem M. mein Büro verlassen hatte, in dem Überlegenheitsgefühl des Psychologen, der allen Vorurteilen zum Trotz genau über den gesunden Menschenverstand verfügt, an den M. appelliert hatte, und der ausreichte um zu erkennen, dass hier eine kleine Geschichte in ungefährlicher Weise aus

dem Ruder gelaufen war, wie es tagtäglich sowohl in Beziehungen als auch am Arbeitsplatz ohne jegliche Konsequenzen permanent passiert. Wie zum Ausgleich für standesgemäßen Dünkel, erlaubte ich mir anschließend, wie ich mich noch gut erinnern kann, eine kleine selbstkritische Anmerkung: lag es nicht gerade an unserer Existenz als immer zuständige Psychologen, dass sich der betreffende Filialleiter nicht getraut hatte, ein eigenständiges Urteil zu fällen, das mit Sicherheit zu dem selben Ergebnis geführt hätte?
Jetzt bleibt mir nichts anderes als festzustellen, dass der erwähnte Filialleiter über weit mehr Einfühlungsvermögen und Weitsicht verfügte, als ich in meiner doppelten Überheblichkeit. Nicht nur mehr psychologische Kenntnis, nein, sogar den so genannten gesunden Menschenverstand reklamierte ich für mich. Er, er hatte gesehen oder doch zumindest befürchtet, dass da etwas nicht stimmen konnte - bei mir hingegen reichten eine leichte wetterbedingte Beschwingtheit, eine durch ein Glas Rotwein verstärkte Mittagsmüdigkeit aus, um alle Sorgfaltspflichten über Bord zu werfen und der Katastrophe ihren Lauf zu lassen.
Am schlimmsten erscheint mir an der ganzen Geschichte die Verkettung unglücklicher Umstände - damit meine ich mitnichten meine eigene zutiefst erbärmliche Rolle, sondern die Tatsache, dass M. nach 12413 Tagen - ich habe das extra nachgerechnet - ohne jeden Banküberfall just an dem Tag Zeuge eines solchen werden sollte, als er die Videoüberwachungskameras seiner Filiale so manipuliert hatte, dass sie nicht wie üblich die obere Körperpartie der vor dem Schalter stehenden Personen aufzeichneten, sondern einzig die mittlere, die Aufschluss darüber gab, ob eine Person beispielsweise eine Handtasche bei sich trug.
Ich bin mir sicher, dass er sofort wusste, welch fatale Folgen sein Handeln hatte. Auch wenn ich der letzte bin, der sich über seinen Geisteszustand äußern sollte, bin ich mir sicher, dass er einem Handtaschenwahn oder -fetischismus nicht so verfallen war, wie seine Familie es nach seinem Tod dar-

gestellt hat. Ich glaube durchaus, dass seine Frau mit der Zeit genervt war von seinem wenig einfallsreich erscheinenden Geburtstagsgeschenk, und auch den Wunsch seiner Tochter nach einem Rucksack hat M. wohl nicht so leicht verwinden können, aber dass seine Frau sich jetzt, wie ich der Tagespresse entnehmen musste, zu der Aussage versteift, sie habe schon seit längerem Angst gehabt und es habe kein gutes Ende nehmen können, das halte ich für subjektiv zwar verständlich, objektiv jedoch völlig unangemessen. Hätte sich der Überfall wenige Tage früher oder später ereignet, ich bin mir sicher, M. hätte völlig normal und unbehelligt seinen Ruhestand erreicht - und ich vermutlich auch. Dass er wiedergutmachen wollte, in dem Moment, wo ihm klar wurde, welche Folgen seine Manipulation hatte, muss ihm zudem eher zur Ehre gereichen. Auch wenn er gegen die Anweisungen zum "Verhalten bei einem bewaffneten Überfall" verstieß, als er sich hinter dem Banktresen nach vorne schlich, um den Täter mittels, ja, ich muss es leider erwähnen, mittels eines Handtaschengurtes zu überwältigen. Aber wie weit soll denn die Verantwortung des M. getrieben werden? Dass er erschossen wurde, gut, das muss man ihm auf Grund seines unbedachten Verhaltens wohl zurechnen, aber, dass der Bankräuber dadurch in Panik geriet und wild in die Menge feuerte, was bedauerlicherweise zu weiteren fünf Todesopfern führte, das muss ich sagen ist wohl eher meine als seine Schuld.

Meine Frau hat mich länger unterstützt, als ich erwarten durfte. Wahrscheinlich wäre sie auch noch immer an meiner Seite, hätte sie mir nicht in bester Absicht von der Erkenntnis der Chaostheorie erzählt, derzufolge schon das Schlagen eines Schmetterlingsflügels ausreichen könne, um einen Orkan auszulösen. Ich hatte zu diesem Zeitpunkt bereits mein Arbeitsverhältnis bei der Sparkasse beendet und überlegte, dem Drängen meines Vaters nachzugeben, der unverhofft die Chance sah, mich in die Leitung des elterlichen Getränkegroßhandels einzubinden. Die Vorstellung, nur noch für den Bierabsatz einer speziellen Region zuständig zu sein, hatte auf einmal eine zutiefst beruhigende Wirkung auf mich. Meiner Frau reichte dies noch nicht aus, sie wollte das Unmögliche - mich von meinen zutiefst berechtigten Selbstzweifeln befreien. Es ist ja ein weit verbreiteter Irrtum unserer Zeit, bei Schuldgefühlen sofort an ihre Überwindung zu denken, als läge der Fehler in der Existenz des marternden Gewissens und nicht in den begangenen Taten oder Unterlassungen. In bester Absicht also erzählte sie mir von den Schmetterlingen und mir wurde schlagartig klar, wie viel Unheil ich auch außerhalb meines erlernten Berufes, ja außerhalb jeder Berufstätigkeit auszulösen in der Lage bin. Ehrlich gesagt, bin ich dankbar, dass meine Frau, die ich sehr liebe, meinen Gedankengängen nicht folgen kann und sich aus meinem unmittelbaren Wirkungsfeld entfernt hat. Das schreckliche an meiner Situation, streng genommen an eines jeden Menschen Situation ist, dass es mir unmöglich scheint, völlig ohne Einfluss auf andere zu sein. Vielleicht ist es gerade der Pullover, den ich schon in der Hand hatte und doch nicht gekauft habe, dem einen Tag später ein Jugendlicher nicht widerstehen kann und schon wird der allzu bekannte Kreislauf aus Kriminalisierung und sozialem Abstieg in Gang gesetzt. Aber auch wenn ich ihn kaufe, kann furchtbares geschehen. Vielleicht verstopfen die Fuseln genau dieses Pullovers meine Waschmaschine - ich mag mir gar nicht vorstellen, was dem auf Grund meiner technischen Unkenntnis herbeizitierten Monteur alles allein bei der Anfahrt passieren kann.

Die Handtasche

von Erwin Pischel

```
                              sche Ha
                         Handtasche Handta
                      sche Handtasche Handtasc
              dtasche                              tasch
               andta                               asche
               e Han                               asche
               che H                               sche
               asche                               sche
                tasc                               sche
                ndta                               asch
                andt                               asch
                Han                                tasc
                e Ha                               dtas
       tasche Handtasche Handtasche Handtasche Handtasche H
       dtasche Handtasche Handtasche Handtasche Handtasche H
       ndtasche Handtasche Handtasche Handtasche Handtasche
       Handtasche Handtasche Handtasche Handtasche Handtasche
       Handtasche Handtasche Handtasche Handtasche Handtasche
       e Handtasche Handtasche Handtasche Handtasche Handtasch
       che Handtasche Handtasche Handtasche Handtasche Handtas
       sche Handtasche Handtasche Handtasche Handtasche Handtasc
       asche Handtasche Handtasche Handtasche Handtasche Handtas
       dtasche Handtasche Handtasche Handtasche Handtasche Handta
       ndtasche Handtasche Handtasche Handtasche Handtasche Handta
       andtasche Handtasche Handtasche Handtasche Handtasche Handt
       Handtasche Handtasche Handtasche Handtasche Handtasche Handt
       e Handtasche Handtasche Handtasche Handtasche Handtasche Hand
       che Handtasche Handtasche Handtasche Handtasche Handtasche Han
       sche Handtasche Handtasche Handtasche Handtasche Handtasche Han
       asche Handtasche Handtasche Handtasche Handtasche Handtasche Ha
       dtasche Handtasche Handtasche Handtasche Handtasche Handtasche H
```

```
g weg weg weg weg weg weg weg weg weg weg weg weg weg weg weg weg weg weg weg w
eg weg weg weg weg weg weg weg weg weg weg weg weg weg weg weg weg weg weg weg
weg weg weg weg weg weg weg weg weg weg weg weg weg weg weg weg weg weg weg weg
    weg weg weg weg weg weg weg weg weg weg weg weg weg weg weg weg weg weg we
g weg weg weg weg weg weg weg weg we       weg weg weg weg weg weg weg weg w
eg weg weg weg weg weg weg w                   weg weg weg weg weg weg weg
weg weg weg weg weg weg w                   eg weg weg weg weg weg weg
 weg weg weg weg weg we          eg weg weg weg weg w      weg weg weg weg weg we
g weg weg weg weg weg                                          weg weg weg weg w
eg weg weg weg weg w           g weg weg weg weg weg weg       weg weg weg weg
weg weg weg weg weg            weg weg weg weg weg weg weg     weg weg weg weg
    weg weg weg weg w        g weg weg weg weg weg weg weg     weg weg weg weg
g weg weg weg weg             weg weg weg weg weg weg weg      eg weg weg weg w
eg weg weg weg we           g weg weg weg weg weg weg weg       weg weg weg
weg weg weg weg              weg weg weg weg weg weg weg         weg weg weg
weg weg weg weg            g weg weg weg weg weg weg weg we    g weg weg weg
g weg weg weg we          eg weg weg weg weg weg weg weg w     eg weg weg w
eg weg weg w                                                     weg weg weg
weg weg weg                                                      weg weg weg
weg weg we                                                       g weg weg w
g weg weg w                                                      eg weg weg
eg weg weg                                                        weg weg weg
weg weg we                                                        weg weg we
    weg w                                                         weg weg w
g weg weg                                                         weg weg w
eg weg we                                                         g weg weg
weg weg w                                                         eg weg weg
weg weg                                                           eg weg weg
g weg we                                                          weg weg w
eg weg w                                                          weg weg
weg weg                                                            weg weg
weg we                                                            g weg w
g weg w                                                           eg weg
eg weg                                                             eg weg
weg we                                                             weg we
 weg  weg weg weg weg weg weg weg weg weg weg weg weg weg weg weg weg weg
g weg weg weg weg weg weg weg weg weg weg weg weg weg weg weg weg weg weg w
eg weg weg weg weg weg weg weg weg weg weg weg weg weg weg weg weg weg weg weg
weg weg weg weg weg weg weg weg weg weg weg weg weg weg weg weg weg weg weg weg
```

Der Wolf
von Nora Dornfeld

Eigentlich ist die Handtasche meiner Großmutter ein Wolf. Sie hat ein riesiges Maul, das sich mit zwei über Kreuz stehenden Goldzähnen öffnen lässt und ihre Flanken sind aus kurzem drahtigen Fell. Sie ist schwarz und tief und in ihrem Bauch ist es so dunkel, dass sich meine Hände nicht hineintrauen. Wenn meine Großmutter zuhause ist, steht der Wolf mit geschlossenem Maul auf einem Schuhschränkchen und tut ganz harmlos. Trotzdem beobachte ich ihn jedes Mal, wenn ich in seine Nähe komme, zuerst aus der Entfernung, weil ich nie ganz sicher bin, ob er nicht doch zum Sprung ansetzt. Meistens zähle ich auf zwanzig und manchmal bete ich ein Turbo-Vater-Unser, und wenn er sich so lange nicht bewegt hat, gehe ich zu ihm hin und streiche vorsichtig über seinen dünnen glatten Fell - Bauch. Ich streiche über seine Goldzähne und über die Kunstlederohren, an denen man ihn festhalten kann und meine Hände zittern dabei vor Aufregung sehr. Wenn ich sicher bin, dass meine Großmutter einen Stock tiefer in der Küche beschäftigt ist oder mit dem Staubsauger herumgeht, schiebe ich die beiden Goldzähne übereinander und öffne das Maul. Ich mache es so weit wie möglich auf, damit ich möglichst viel sehen kann: immer ist ein schneeweißes gebügeltes und fein gefaltetes Taschentuch darin und immer ein paar gefaltete Papiere und immer ein schöner perlmutterner Rosenkranz mit einem Christus am Kreuz und immer liegt in einem extra Fach eine schwarze Geldbörse, die weich und prall-gefüllt ausschaut. Und immer liegt das schwarze Gebetbuch mit dem verregneten Goldschnitt darin. Irgendwann einmal muss meine Großmutter ohne den Wolf zur Kirche gegangen sein oder es hat in die Kirche hineingeregnet oder jemand hat Weihwasser darüber gespritzt. Ich weiß es nicht, aber es beschäftigt mich jedes Mal, wenn ich es sehe, weil diesem schönen Buch damit seine heilige Makellosigkeit genommen wurde. Mehr als das kann ich nicht sehen, aber ich vermute unter diesen Gegenständen noch andere Dinge, von denen ich immerzu denke, dass ich sie nicht sehen soll. Weil meine Angst vor dem Dunkel des Handtaschenwolfs riesig ist, habe ich zwar schon hundert Mal in sein Maul geschaut, aber ich habe noch niemals hineingefasst. Ich stehe davor und starre hinein und meine Hand harrt zitternd über der dunklen Öffnung und in meinem Kopf beginnt der immer gleiche Tonfilm: aus einem Wolkenhimmel schaut das schöne bärtige Gesicht, das ich von den zahllosen Christusbildchen kenne, die meine Großmutter mir von den Wallfahrten mitbringt und die auch der Pfarrer im Kommunionunterricht ausgeteilt hat und sagt: der liebe Gott sieht alles. Der liebe Gott sieht alles. Er sieht alles. Sieht alles. Er sieht alles. Und dann verschwindet das schöne Gesicht wieder im Wolkenhimmel. Ich mache das Maul wieder zu. Ich gehe ins Bad und schließe die Tür hinter mir zu und setze mich auf den Deckel der Toilette und sage: bitte, bitte lieber Gott, bestrafe mich nicht. Ich habe ja gar nicht in Großmutters Handtasche hineingefasst. Und mach auch nicht, dass meiner Mama etwas passiert und meinem Papa und meinem Bruder und der Großmutter auch nicht und nicht der Linda

und nicht der Erika und auch dem Hund nicht und auch nicht meinem Kaninchen .... und ich bete langsam ein schönes Vater-Unser und ein Ave-Marie, so wie nach der Schülerbeichte und zur Sicherheit bete ich noch ein Turbo-Vater-Unser und noch eins. Manchmal bete ich auch viele Turbo-Vater-Unser. Dann mache ich einige Kreuze, raschle mit dem Klopapier und drücke die Klospülung. In meinem Zimmer sitzt die blonde Puppe im blauen Kleidchen mit dem ziemlich abgewetzten Teddybären in Karolatzhose auf dem Bett und unter dem Bett liegt niemand.

Meine Großmutter ist schlecht zu Fuß, deshalb ist es gut, dass die Kirche von unserem Haus nur etwa fünf Minuten entfernt ist. Meine Großmutter geht oft in die Kirche. Morgens um halb acht geht sie in die Frühmesse und wenn jemand gestorben ist, geht sie am Abend in die Andacht. Wenn niemand gestorben ist, geht sie nur am Samstagabend in die Andacht. Für die Kirche zieht meine Großmutter ihre Küchenschürze aus und entfernt mit der Kleiderbürste die Fusseln von ihrem Rock. Für die Kirche lässt sie, glaube ich, manchmal auch einen lila Farbstich in ihre Haare machen. Für die Kirche zieht sie eine schöne glatte Bluse an und einen Mantel darüber. Im Sommer trägt sie einen dünnen blauen Mantel. Wenn es sehr heiß ist, trägt sie über der Bluse nur eine dünne Strickjacke und keinen Mantel. Im Winter trägt sie normalerweise einen dicken grauen und wenn eine Beerdigung stattfindet, packt sie einen schwarzen Mantel aus einer Plastikfolie aus. Dann trägt sie unter dem schwarzen Mantel einen schwarzen Rock und eine schwarzweiß-gesprenkelte Bluse. Zu allen Mänteln trägt sie den schwarzen Handtaschenwolf.
Am Mittwochmorgen gehe ich auch in die Kirche. Um acht Uhr ist Kindergottesdienst. Alle Kinder aus unserer Grundschule gehen dorthin, außer Stefan und Bernd und Anna und vielleicht noch zwei oder drei anderen, die ich nicht kenne. Sie sind evangelisch. Ich wäre auch gerne evangelisch. Der evangelische Gott sieht, glaube ich, nicht alles. In

der Kirche sitzen die Mädchen auf der linken Seite und die Jungens auf der rechten Seite. Die kleinen ganz vorne und dann kommen die größeren und dann die Kommunionskinder usw. In der allerletzten Reihe sitzt immer meine Großmutter. Wenn ich in der Kirche mit den anderen Kindern spreche oder lache, gibt es ordentlichen Ärger mit meiner Großmutter. Dann zieht sie mich am Ohr und sagt zu meiner Mutter: schau mal, dass sich deine Tochter in der Kirche ordentlich benimmt, was sagen denn die Leute dazu und dann wedelt sie mit ihren Zeigfinger vor mir hin und her und sagt: wart nur, Mädchen, wart nur. Meine Mutter sagt nichts und ich sage auch nichts. Am Abend liege ich im Bett und warte und aus dem Dunkel kommt die Angst, dass etwas passiert und dass ich am Morgen nicht mehr aufwache und dass meiner Mutter etwas passiert oder meinem Vater oder meinem Bruder, dem Hund oder meinem weißen Zwergkaninchen, der Großmutter, Linda, Erika ..... und ich bete Vater-Unser bis zum Einschlafen. Manchmal dauert das sehr lange.

Mit einem weiß-grün-gelben Wasserball habe ich den Wolf vom Schuhschränkchen geschossen. Es hat mit dem dritten Schuss geklappt. Der Wolf stand ziemlich weit außen an der Kante des Schränkchens, so dass er sofort abstürzte, als ich ihn traf. Der Wolf öffnete sein Maul einen Spalt weit und blieb liegen. Das weiße Taschentuch ist herausgefallen, die kleine Geldbörse auch. Das Kreuz vom Rosenkranz hing an der Perlmuttkette wie eine Zunge heraus und ein wenig Papier schaute hervor. Sonst war nichts zu sehen. Mein Herz schlug sehr laut, meine Knie zitterten und ich wusste nicht, was ich tun sollte. Ich hatte fast erreicht, was ich wollte, aber wieder musste ich meine Hände benutzen, wenn ich sehen wollte, was außer dem, was ich schon kannte, noch in der Handtasche war. Ich stand unschlüssig neben der Tasche und schaute auf die Dinge am Boden. Sie lagen so bewegungslos und still wie der Wolf und nur in meinem Kopf ratterte es. Nicht sehen, was noch in der

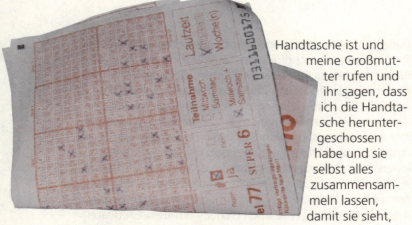 Handtasche ist und meine Großmutter rufen und ihr sagen, dass ich die Handtasche heruntergeschossen habe und sie selbst alles zusammensammeln lassen, damit sie sieht, dass ich das alles nicht anfasse. Alles in die Handtasche packen und nicht schauen, was sonst noch drin ist und der Großmutter sagen, was passiert ist. Alles in die Handtasche packen und die Gelegenheit nutzen und alles anschauen und der Großmutter nicht alles sagen. Alles in die Handtasche packen und die Gelegenheit nutzen und alles anschauen und der Großmutter alles sagen. Als ich mit dem Überlegen ohne Ergebnis fertig war, gab mein Fuß dem Wolf einen Stoß in den Rücken. Jetzt fiel endlich auch das verregnete Gebetbuch heraus. Das zusammengefaltete Papier rutschte weiter heraus und zwei Ricola-Schweizer-Kräuterzucker-Bonbons glänzten gelb auf dem melierten Fußboden. Der Rosenkranz streckte sich über den Teppich. Eine alte kleine Armbanduhr mit Metallband zeigte halb acht. Ich hatte ein schlechtes Gewissen wegen meines Fußes. Es konnte nicht halb acht sein, weil meine Großmutter Mittagessen kochte. Trotz des schlechten Gewissens berührte mein Fuß zitternd den Bauch des Wolfs und strich ihm das Fell mit der großen Zehe gegen den Strich. Der Wolf biss nicht zu. Am meisten interessierten mich die zusammengefalteten Papiere. Ich stieß sie mit der großen Zehe an, aber von selbst klappten sie nicht auseinander. Ich wusste nicht was darin stehen sollte. Ich hoffte noch immer, dass aus den Papieren etwas herausfiel. Ein Photo mit einem Mann, den ich wenigstens schon einmal gesehen

hatte; vielleicht der Pater oder der alte Lehrer, oder auch der Opa von Linda, der Mama immer Blumen aus seinem Garten vorbeibrachte oder wenigstens irgendein Mann, am Besten einer, den ich wieder erkannte, aber zur Not eben auch nicht. Dann wenigstens ein Kapitän oder ein Pirat, ein Zigeuner, ein Wandersmann oder jemand von einem Zirkus. Am Allerbesten aber mein Großvater selbst. Klein zusammengeschrumpft und geglättet und gefaltet auf die Größe einer Überraschungseifüllung sollte er aus der Handtasche herauspurzeln und sich in Null-komma-nichts wieder auffalten und entfalten und vergrößern und aufblasen wie mein Wasserball und sagen: Hallo Lena, ich bin dein Großvater. Ich zog die Papiere aus der Tasche und faltete sie auseinander. Eines der Mutter-Gottes-Bildchen, wie sie Großmutter in mein Gebetbuch gelegt hatte, fiel heraus. Es hatte zwischen zwei Blättern gelegen. Auf das gelblich vergilbte war mit der Hand, aber nicht mit der meiner Großmutter Psalm geschrieben und dann kam ein Psalm. Ein Psalm interessierte mich nicht. Das andere Papier war ein Ausschnitt aus der Zeitung mit einer Todesanzeige. Anton Schnabel, Soldat in einem Pionier-Bataillon, stand darauf in herausgehobener Schrift und in der Ecke der Anzeige war ein Kreuz mit einem Hakenkreuz darin. Das Hakenkreuz kannte ich aus Papas Büchern: Unser Jahrhundert im Bild oder Weltgeschichte oder so ähnlich und es hieß nichts Gutes, soviel wusste ich. Alles andere war in sehr kleiner Schrift geschrieben und das Papier zitterte in meinen Händen. Ich musste plötzlich dringend pinkeln und alles lag vor mir auf dem Fußboden und musste zurück in den Handtaschenwolf. Ich faltete die Papiere schnell wieder zusammen und legte sie aufs Gebetbuch. Jetzt konnte ich Großmutter nicht mehr sagen, dass die Tasche heruntergefallen ist. Jetzt konnte ich sie nicht mehr einfach so liegen lassen. Jetzt konnte ich nicht mehr alles hineinstopfen und so tun als sei nichts passiert. Das ging nicht. Das Maul des Wolfs war wieder dunkel und tief. Ich schaute auf seinen entleerten Inhalt und der ganze Anblick schien mir wie ein großes Verbrechen.

Der Tonfilm lief in Zeitlupe, meine Hände zitterten, in meinem Kopf war ein riesiges Durcheinander. Wenn Großvater ein Soldat war? Ich kannte die jungen Soldaten, die in Kolonnen übers Land fuhren und manchmal für eine Nacht in der Nähe von unserem Haus schliefen. Sie waren nett zu uns und Rolf und mein Bruder durften sogar einmal in den Panzer steigen. Ich wollte das nicht. Mit dem Fuß stellte ich den Handtaschenwolf aufrecht. Dass Großvater ein Soldat sein könnte hatte ich nie überlegt. Großväter waren bärtig und ein bisschen dick. Ich kannte den Großvater von Linda, den Großvater von Erika und den Großvater von Heidi aus dem Fernsehen. Und ich kannte den Opa meiner Mutter aus Erzählungen. Großväter waren alt. Aber nun wurde mir bewusst, dass Großväter auch einmal jung waren und dünn. Aber ein Soldat war mein Großvater nicht. Soldat, das war eine Welt, die mir Angst machte. Soldat war viel schlimmer als Neger. Ich hätte auch einen Neger geheiratet, hat Mama gesagt.
Die Papiere hatte ich sowieso schon angefasst. Ich nahm den Perlmuttrosenkranz und ließ ihn in die Handtasche fallen. Dann die kleine Geldbörse, die Ricola - Bonbons, die Armbanduhr, die noch immer halb acht zeigte, das Taschentuch. Nur das Gebetbuch mit den Papieren war schwierig. Ich fasste es mit spitzen Fingern an und ließ es ins Maul des Wolfs gleiten. Der Wolf biss nicht zu. Meine Hände zitterten sehr, in meinem Kopf klopfte es und ein bisschen hatte ich schon in die Hose gepinkelt. Ich trat unruhig vor dem Wolf auf der Stelle, aber die Beine zusammenzukneifen nützte nichts mehr. Ich packte den Wolf und schob die Goldzähne ineinander und stellte ihn aufs Schränkchen.
Vater unser im Himmel geheiligt werde dein Name dein Reich komme, dein Wille geschehe, wie im Himmel so auf Erden ...lieber Gott, ich hätte das nicht tun dürfen, ich weiß, aber mach trotzdem nicht, dass mir etwas passiert oder meiner Mama, meinem Papa, meinem Bruder, Linda und Erika und der Großmutter auch nicht und nicht dem

Hund und auch nicht dem Kaninchen. Und ich habe ja auch schon in die Hose gemacht. Das kommt davon.

Unter meinem Bett liegt niemand. Ich stopfe die nasse Hose darunter, so dass man sie nicht sieht. Ich stopfe auch meine nasse Unterhose darunter und ziehe den Schlafanzug an. Ich setze die Puppe neben mein Bett und lege mich mit dem Teddy hinein. Mir ist kalt und meine Zähne klappern. Draußen ist heller Tag. Manchmal macht man auch in die Hose, wenn man sehr lachen muss. Sogar Linda ist das schon passiert, obwohl sie ein Jahr älter ist als ich. Morgen ist sie bestimmt trocken. Wenn Mama kommt, sage ich einfach, dass mir schlecht ist. Ich mache die Augen zu. Vor meinen Augen erscheint das Flimmern aus dem Fernsehen. Schwarz im Orange. Warum ist es hinter den Augenlidern orange? Der liebe Gott sieht alles. Der Tonfilm beginnt, aber das schöne Gesicht verschwindet im Flimmern. Der Wolf beißt nicht. Auf der Toilette habe ich schon mindestens zehn Turbo-Vater - Unser gebetet. Ich will morgen wieder aufwachen. Vater unser im Himmel...

Familienbande
VON SABINE GRIMM

Gasthaus Grüner Baum, Kleinmesserheim.
Ein verregneter Sommertag im Jahr 2000.

Die Teller werden abgeräumt. Herbert klopft mit dem Messer an sein halbleeres Bierglas. Luise wacht auf. Herbert steht auf. Er ist ja kein Freund großer Worte. Aber was wäre die Familie ohne die Mama? Luise fragt nach dem Verbleib von Willi. Der Regen klatscht an die Fensterscheiben. Alle stoßen an. Luise hat die Blumenvase mit den Moosröschen in der Hand. Waltraud stellt die wieder auf den Tisch und drückt Luise das Weinglas in die Hand. Luise lässt das Glas fallen. Der Rotwein ergießt sich auf die Tisch-decke. Oliver kichert. Dafür landet Herberts Hand auf seiner Backe. Oliver beginnt zu weinen.

Luise Schmidbauer, geborene Bossinger, 80, verwitwet. Henkeltasche, schwarz, Hochglanz mit goldenen Beschlägen. Modell Alexis. Quelleversand. Saison Winter 82/83. Neuwertig (Weihnachtsgeschenk von Schwiegertochter Jutta). Inhalt: Ein frisch gebügeltes weißes Damentaschentuch, umhäkelt mit Mausezähnchen aus rosa Bauwollgarn (Weihnachtsgeschenk 1974 von Tochter Waltraud).
Ein Pillendöschen, rund mit emailliertem Deckel (florales Muster in Tupftechnik, Geburtstagsgeschenk von Enkeltochter Melanie, 1995). Eine rosa Tablette (Cholesterin), eine hellblaue (Bluthochdruck), eine weiße (Diabetes). Müssten vor dem Mittagessen eingenommen werden, aber Waltraud hat vergessen, Luise zu erinnern. Ein Brillenetui

aus bordeauxrotem Leder, selbstgenäht (Herkunft nicht mehr eindeutig rekonstruierbar, vermutlich aber Weihnachtsbazar der Heilig-Geist-Kirchengemeinde Kleinmesserheim, 1973). Eine Kassenbrille mit Goldrand, aber ohne Zuzahlung ("Das tut's dir, Mutter"). Ein Probierfläschchen "Uralt Lavendel", un-geöffnet (Muttertag 1972, Werbegeschenk der Drogerie am Markt als Zugabe zum 4711-Echt-Kölnisch-Wasser im Pappherz). Zwei eingepackte Würfelzucker (Café Sommer, frühe 80er Jahre). Ein Fläschchen Korodin-Herz-Kreislauf-Tropfen, halbvoll (Verw.bis 05.2002). Fünf Haarnadeln. Ein kleiner Schraubenzieher, Kreuzschlitz mit rotem Griff. Ein Rosenkranz, schwarz, Holz. Ein Küchenwecker. Schlüssel? Geldbeutel? Nicht auffindbar.

Aus der Küche ist geschäftiges Geklapper zu hören. Die Kinder sind wieder gewachsen. Melanie ist jetzt fast so groß wie ihre Mama. Eine richtige junge Dame. Man sieht sich halt so selten. Ja, ja viel zu selten. Schade eigentlich. Ja, wirklich schade. Man sollte viel öfter... Luise, die Jubilarin, lächelt entrückt. Vor ihr auf dem Tisch das Blumengebinde (echt, nicht Plastik) aus rosa Moosröschen mit Vergissmeinnicht und Schleierkraut. Mittendrin ein goldenes Pappschild mit einer lorbeerumkränzten Zahl: 80. Ja, sie haben sich wirklich Mühe gemacht. Tochter Waltraud nickt zufrieden. Oliver atomisiert ein Monster. Der Gameboy piepst enthusiastisch. Luise fragt, wo denn eigentlich der Willi bleibt. Der Willi liegt seit fünfzehn Jahren auf dem Kleinmesserheimer Friedhof, was Luise gerade aber wieder einmal entfallen ist. Waltraud, die sich seit Vaters Tod um Luise kümmert, wirft Schwägerin Jutta einen langen Blick zu. Da sieht diese aufgetakelte Schnepfe mal, was sie mit Mutter mitzumachen hat. Das nächste Monster kommt schon aus der Höhle. Oliver ächzt. Muss das eigentlich sein? Wo man doch gerade mal so nett zusammensitzt.

Oliver Schmidbauer, 11, Herberts und Juttas Sohn.
Eine Plastiktüte (Spielwaren Lang, Großmesserheim).

Inhalt (von unten nach oben): Ein Schraubverschlussglas (Schwartau-Extra, Erdbeerkonfitüre) mit 14 Regenwürmern (davon 5 lebendig). Ein Meter grüne Wäscheleine. Eine Stinkbombe, fünf Knallerbsen, ein Wattebällchen "Aschenbecherschreck" (alles Firma Spielwaren Lang). Ein Päckchen Streichhölzer. Ein Kieselstein, hellgrau, mittelgroß (Gewicht: 468 Gramm). Eine Taschenlampe ohne Batterien. Eine Wasserpistole Modell "PUMP-GUN".

Ja, das kann sich Waltraud gar nicht vorstellen, wie das ist mit Mann und Kindern. Und dann auch noch die Halbtagsstelle bei der Stadtverwaltung. Also, wenn der Herr Fischer, Juttas Chef, nicht so viel Verständnis hätte für die Doppelbelastung einer berufstätigen Mutter, dann wüßte sie nicht, wie sie das schaffen sollte. Und der Herbert, der tut ja auch nicht viel im Haushalt. So schlimm wird es schon nicht sein mit der Belastung, denkt Waltraud und schaut auf Juttas überlange rotlackierte Fingernägel (nicht echt, künstlich, Nagelstudio Maierschön, Großmesserheim). Der nächste Gang wird aufgetragen. Geräuchertes Forellenfilet mit Sahnemeerrettich und Salatbeilage. Nein, so was Feines, Mutter! Luise gibt leise Schnarchgeräusche von sich. Herbert wischt sich mit dem Handrücken den Bierschaum vom Mund und bestellt sich noch ein Glas Export.

Herbert Schmidbauer, 57, Luises Sohn, verheiratet. Herrenhandtasche, mittelgroß mit abgerundeten Ecken, Reißverschluss und Griffschlaufe, dunkelbraunes Veloursleder mit speckigem Glanz. Hersteller unbekannt.
Erworben im Juni 1996 bei Firma Tabak-Laurer, Schulgasse 12, Kleinmesserheim.
Inhalt: 2 Schachteln Zigaretten der Marke HB. Eine angebrochen, die andere ungeöffnet. Ein weißes Einwegfeuerzeug mit blauer Aufschrift ("Heinzmann bringt Erfolg im Stall"). Ein grünes Einwegfeuerzeug, transparent, halbvoll. Ein Taschentuch, beige, Format 45 mal 45, benutzt. Eine Packung Knoblauchpillen (halbvoll). Ein Schlüsseletui, brau-

nes Kunstleder mit goldenem Aufdruck eines Autohauses (nicht mehr lesbar). Eine Geldklammer, Sterling Silber (Weihnachtsgeschenk von Jutta 1987). Sechs Geldscheine, neuwertig (3 x 50, 2 x 20, 1 x 10, Stadtsparkasse Großmesserheim). In einer transparenten Plastikhülle (Alte Apotheke, Rathausplatz 3, Fernstadt): eine Spielquittung (Samstagslotto) und ein Privatrezept der Gemeinschaftspraxis Dr. Büttner, Dr. Hochauf, Fernstadt (Viagra). Ein Odol-Mundspray für sympathischen Atem. Etwa 20 g loser Tabak in Krümeln.

Melanie mag ihren Fisch nicht essen. Das Tier ist zu tot und zu fettig. In Melanies Alter, da hätte Tante Waltraud sich gefreut, wenn es so was Gutes gegeben hätte. Melanie betrachtet nachdenklich Tante Waltraud Schwabbelkinn. Herbert bestellt sein drittes Export. Waltraud erbarmt sich der Forelle, die man doch nicht zurückgehen lassen kann. Sanfte Schnarchgeräusche von Luise.
Waltraud Schmidbauer, 55, Luises Tochter, ledig.
Umhängetasche mit praktischem Seitenfach mit Reißverschluss, beige, Nappaleder. Sonderangebot bei Firma Lederwaren Gutheil in Großmesserheim, Sommerschlussverkauf 1993. Fast neuwertig. Leichte Gebrauchsspuren.
Inhalt (von oben nach unten): Ein Päckchen Papiertaschentücher ("Tempo plus"). Schlüsselbund. Geldbeutel. Eine Tüte Veilchenpastillen. Eine Lesebrille (randlos mit Goldkette) in Plastikbox, dunkelblau. Eine angebrochene Packung eines Östrogen-Präparats gegen Klimakteriumsbeschwerden. Ein Kaffeelöffel, versilbert mit Gravur. Ein Brief von der Deutschen Gesellschaft für humanes Sterben (DGHS): "Sehr geehrte Frau Schmidbauer, leider müssen wir Ihnen mitteilen, dass es uns nicht möglich ist, Ihnen eine Zyankali-Kapsel gegen Nachnahme zu liefern... Wir bedauern, dass wir Ihnen und Ihrer Frau Mutter nicht behilflich sein können, und bedanken uns für das Interesse an unserer Arbeit. Mit freundlichen Grüßen..." Eine Strumpfhose, hautfarben mit sanftem Stützeffekt, in

Originalverpackung. Ein Stielkamm. Eine kleine Dose Goldwell-Haarspray. Eine Sicherheitsnadel.
Im Seitenfach: Eine Kunstpostkarte (Lucas Cranach, Die Ruhe auf der Flucht) in einem Umschlag mit Stempel des katholischen Pfarramtes: "Liebe Waltraud, wie schön wäre es, wenn wir doch auch gemeinsam ein bisschen Ruhe auf der Flucht hätten. Frau Stuber hat beim Bettenmachen Deinen BH gefunden. Habe ihr gesagt, dass der wohl von Kollege Hellmann sein müsse, der hier letzte Woche auf der Durchreise nach Lourdes übernachtet hat. Das hat sie beruhigt. Trotzdem: Wir müssen in Zukunft vorsichtiger sein. Du darfst nicht mehr zu mir ins Pfarrhaus kommen. Sei nicht traurig, meine Liebste. Vielleicht können wir ja im Sommer zusammen nach Oberammergau. Dein Werner."

Jutta hat die Kinder einfach nicht im Griff. Kein Wunder. Sie kocht ja lieber Kaffee für den Herrn Stadtkämmerer. Dabei hätte sie es doch gar nicht nötig. Herbert verdient schließlich genug. Und eine Mutter gehört nun mal zu ihren Kindern. Der Hauptgang (Gemischter Braten mit Beilagen) wird aufgetragen. Melanie muss aufs Klo. Ausgerechnet jetzt? Melanies Gesicht ist pure Unschuld.

Melanie Schmidbauer, 15, Herberts und Juttas Tochter. Plüschrucksack in Teddyform, Fellimitat. Made in China. Neuwertig. Da nicht altersadäquat ("Ich bin doch kein

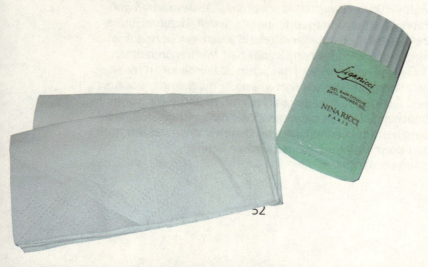

Baby") nur unter Androhung von Gewalt (Fernsehentzug) zu Familienfeiern mit Tantenkontakt im Einsatz (Weihnachtsgeschenk von Waltraud, 1998).

Inhalt: Ein Vokabelheft, zweckentfremdet zur Dokumentation von aufgenommener Nahrung und Gewichtsverlust. Ein Maßband. Ein Bleistift, angenagt. Ein Päckchen Kaugummi, zuckerfrei. Eine Schachtel Marlboro Medium, angebrochen (ø 0,7 mg Nikotin und ø 9 mg Kondensat (Teer) nach ISO). Ein Einwegfeuerzeug, schwarz-weiß, Zebramuster. Ein Päckchen Fisherman's Friend (extra frisch mint ohne Zuckerzusatz). Ein Pickelabdeckstift, hautfarben. Eine Aufklärungsbroschüre von Pro-Familia. Ein Kajalstift, schwarz (auch als Lippenstift verwendbar). Eine Autogrammkarte der New-Punk-Gruppe "Elternmörder". Eine kleine, selbstgenähte Stoffpuppe aus grünem Blümchenstoff. Ein paar wasserstoffblonde Haare (Jutta) angeklebt mit Tesafilm. Im Bauch stecken fünf Stecknadeln mit Plastikköpfen (rot, blau, grün, schwarz und gelb).

Die Platten und Schüsseln sind weitgehend geleert. Waltraud platzt gleich. Sie hat wieder einmal viel zu viel gegessen. Aber Mama wird ja auch nur einmal achtzig. Herbert bestellt einen Klaren, einen Doppelten. Dazu noch ein Export. Melanie kommt zurück und setzt sich. Sie riecht nach Zigarettenrauch und Pfefferminze. Ihr Essen ist schon ganz kalt. Nein, das macht ihr wirklich nichts. Den Braten mag sie sowieso nicht. Sie schiebt die Dosenmöhren auf ihrem Teller zu einem ordentlichen Scheiterhaufen zusammen. Oliver schiebt sich mit den Fingern die letzten Pommes in den Mund. Waltrauds Lippen werden unsichtbar. Oliver will noch ein Spezi. Aus Juttas Tasche tönt "Für Elise". Sie sucht hektisch nach dem Handy. Das Klingeln hört auf. Jutta muss unbedingt zurückrufen. Bestimmt war es ihr Chef: Man kann ja nie wissen, was da los ist in Großmesserheim. Jutta verlässt eilig das Zimmer. Waltraud schüttelt den Kopf. Herbert bekommt seinen Schnaps.

Jutta Schmidbauer, geborene Brauser, 38.
Ein Schultersack, diagonal zu tragen, grau. Typ: Bodypack. Hersteller: Mandarina Duck, Saison Winter 99/00.
(Weihnachtsgeschenk angeblich von Juttas Freundin Sibylle aus Fernstadt, in Wirklichkeit von Markus Fischer, Stadtkämmerer Großmesserheim).
Inhalt: Ein Kosmetiktäschchen, schwarzer Satin mit pinkfarbener Schleife (Werbegeschenk der Parfümerie König, Am Marktplatz 3, Großmesserheim). Ein silberner Taschenspiegel, aufklappbar mit eingraviertem Monogramm. Ein Lippenstift, "rouge fatale". Ein goldener Taschenzerstäuber "Diva", Eau de Parfum (Geschenk von Markus zum Valentinstag). Eine Wimpernzange. Eine Honorarnote der Kanzlei Arndt, Huber und Schmidt über eine Rechtsberatung in Scheidungs- und Unterhaltsfragen. Ein Baedeker-Reiseführer Florida. Ein Langenscheidts Sprachführer Englisch. Ein Umschlag der Stadtsparkasse Großmesserheim mit 9.500,- Mark in bar (4x 1000, 6 x 500, 25 x 100, teils gebrauchte Scheine). Ein Sparbuch der Stadtsparkasse Großmesserheim, gelocht, da aufgelöst. Ein Geldbeutel, schwarz. Diverse Münzen, Personalausweis, Führerschein. Eine Sonnenbrille mit Tigermuster. Zwei Flugtickets Frankfurt-Miami, ausgestellt auf Mrs. Jutta Schmidbauer und Mr. Markus Fischer. Abflugdatum: morgen. Ein Kondom (London gefühlsecht, unbenutzt).

Waltraud bekommt ihren Kaffee, Herbert wieder einen Doppelten. Wo Jutta nur bleibt? Scheint ja ganz schön wichtig zu sein, wenn der Chef sogar am Sonntag anruft. Schade um das Eis. Oliver löffelt die Himbeeren aus der Saucenschüssel. Waltraud schiebt ihm Juttas Teller hin. Luises Kopf ist nach vorne gesunken. Sie röchelt leise. Melanie kommt vom Klo zurück. Sie riecht nach Pfefferminz und Rauch. Sie hat ihre Mutter nirgendwo finden können. Oliver ist schlecht. Waltraud verlangt die Rechnung. Herbert will noch einen Doppelten. Das Eis auf Juttas Teller beginnt zu schmelzen.

Ein Stück von ihr
VON LOTHAR VOSSMEYER

I.

Nach Elkes Tod ließ ich im Haus alles, wie es war. Aus Trauer und wegen Max. Elke hatte immer gesagt: "Er braucht die gewohnte Ordnung." Nur eins übte ich neu mit ihm ein: das Handtaschenritual.

Max war ein fast kniehoher Tibetterrier mit dichtem, schwarzem Fell. Die Haare verdeckten auch die Augen. Man sah sie nicht. Das rechte Ohr war ein rassegemäßes Schlappohr. Das linke dagegen stand regelwidrig aufrecht. Aus dem welligen Rückenhaar ragte der buschige Schwanzkringel wie ein Henkel in die Höhe.

Ich hatte Elke den Hund zum 35. Geburtstag an den Gabentisch gebunden, als klar war, daß unser Wunsch nach Kindern unerfüllt bleiben würde. Sie nahm den Welpen auf den Schoß, gab ihm zu fressen und zu trinken, trug ihn im Haus herum. Das Gespräch der Geburtstagsgäste drang nicht an ihr Ohr. Selbstvergessen streichelte sie das Tier. Von Zeit zu Zeit blickte sie auf, aber nur um zu sagen: "Seht doch, wie süß er ist!"

Damals ließ sie endgültig ihre Absicht fallen, wieder als Sekretärin berufstätig zu werden, und widmete sich ganz der Hundeerziehung. Bald war Max auf Kommunikationsrituale fixiert: das zweimalige Ausgeführtwerden am Vormittag, das gemeinsame Mittagessen, den gemeinsamen Mittagsschlaf, den Nachmittagsspaziergang, den Hundekeks zu Beginn der Tagesschau, das abendliche Gassigehen.

Elkes Erziehungskunst stieß allerdings auf eine unüberwindliche Grenze: Maxens Trennungsangst. Er konnte nicht allein bleiben. Auch ein Hundesitter war - wie wir erfahren mußten - keine Lösung. Als wir nach Hause kamen, hatte sich der Student in der Küche in Sicherheit gebracht. Mitten im Wohnzimmer saß Max. Um ihn herum das Chaos. Seinen Mageninhalt hatte er auf den Teppich entleert. Bis dahin war es mir noch gelegentlich gelungen, Elke trotz des Hundegeheuls, das durch die verschlossene Haustür hinter uns herschallte, zum Theaterbesuch oder zu einem Abend bei Freunden zu bewegen. Aber von nun an brachte sie es nicht mehr übers Herz, Max allein zu lassen. Einer von uns blieb stets zu Hause.

Unüberwindlich war auch Maxens Auto-Phobie. Er sträubte sich aus Leibeskräften, in unseren Mercedes zu steigen. Als wir ihn schließlich mit Gewalt hineingesetzt hatten, bereuten wir es bereits nach einem halben Kilometer. Er schlug seine Zähne ins Polster und zerfetzte es. So verzichteten wir auf jede weitere Ausfahrt mit ihm.

Nach Elkes Tod blieb ich mit dem Hund allein. Er war ihre Hinterlassenschaft, das Liebste, was sie auf Erden gehabt hatte. Bis zuletzt galt ihre Fürsorge ihm. Eine Nachbarin sah noch, wie Max Elke plötzlich an der Leine zum Zaun auf der anderen Straßenseite zog - "wie er das immer macht, wenn das große Geschäft gleich kommt". Dann war ein Bremsenquietschen zu hören gewesen. Elke lag tödlich verletzt unter einem Jeep. Doch mit geistesgegenwärtigem Griff hatte sie Max in letzter Sekunde von der Leine gelassen und ihn so gerettet.

Tagelang noch nach der Beerdigung suchte er Elke überall im Haus. Trauerschwer sank er jedesmal nach dem Rundgang auf sein Kissen in der Wohnzimmerecke und rührte sich stundenlang nicht. Der Anblick dieses Elends brachte mich auf die Idee, ihm als Trost ein Stück von Elke zu schenken: ihre Handtasche.

Sie stammte aus frühen Zeiten unserer Ehe, war klein, aber teuer. Es zog uns immer wieder zum Schaufenster, in dem sie lag. Schließlich borgte ich mir Geld und kaufte die Tasche. Elke trug sie bei jeder Gelegenheit. Kurz vor ihrem Tod sagte sie versonnen zu mir: "Ich sehe dich noch damit ankommen..."

Das Innere war zweigeteilt. In die eine Hälfte steckte ich ein kleines Seidentuch, das ich mit Elkes Parfüm besprühte, und in die andere Hälfte kam eine Handvoll Hundekekse. Max schnupperte aufgeregt an der Tasche herum und versuchte sich selbst zu bedienen, indem er eine Pfote auf das Leder setzte und mit der Schnauze am Bügel zog. Es gelang ihm nicht. Aber er gab's nicht auf. So dauerte es Wochen, bis ich mit ihm das Handtaschenritual eingeübt hatte. Schließlich war es soweit: Er apportierte die Tasche, ließ sich daraus einen Keks reichen, fraß ihn, trug die Tasche auf sein Kissen zurück und legte seine Nase friedlich daneben.

Soweit ich es konnte, suchte ich Max das Frauchen zu ersetzen. Ich wandelte meine Rechtsanwaltskanzlei in eine Sozietät um, so daß ich Zeit für ihn gewann. Allerhöchstens zwei Stunden ließ ich ihn allein. Sein jämmerliches Heulen schnitt mir jedesmal ins Herz, wenn ich ging. Nicht eigentlich, weil er selbst mir so leid tat, sondern weil ich an Elke denken mußte. Ich tröstete mich damit, daß er ihre Tasche auf seinem Kissen hatte, mit dem Duft ihres Parfüms. Um elf Uhr war ich jeden Morgen zum Spaziergang zur Stelle. Und kein einziges Mal ließ ich das gemeinsame Mittagessen ausfallen.

Maxens Freßnapf stand dabei auf dem gelben Plastikset unter dem Tisch. So wie Elke es ihm beigebracht hatte, blieb der Hund nach beendeter Mahlzeit über seinen Napf gebeugt stehen und wartete, daß ihm mit seiner Serviette die Schnauze abgewischt wurde. Der Dressurakt hatte allerlei Mühe gekostet. Viel lieber hätte Max seine Mahlzeit beschlossen, indem er mit Brust und Unterkiefer auf den Teppich sank und sich mit der Kraft seiner Hinterbeine in rasender Geschwindigkeit über den Boden schob, zuerst die linke Seite der Lefzen in den Veloursteppich gedrückt, dann die rechte. Schließlich hatte er aber das Serviettenritual so verinnerlicht, daß er beim Abwischen freudig den Kringelschwanz auf dem Rücken wackeln ließ. Jetzt war der Nachtisch dran. Max holte die Handtasche, und ich reichte ihm einen Keks. Es folgte der gemeinsame Mittagsschlaf auf Elkes Sofa, bei dem sich Max nun in meine statt in Elkes Kniekehlen kuschelte. Daß dies für ihn ein Notbehelf war und blieb, spürte ich jedesmal an dem leichten Zögern, bevor er es sich endgültig gemütlich machte.

So verlief mein Leben eineinhalb Jahre lang in Bahnen, die Max mit seinen Gewohnheiten bestimmte. Dann kam der Brief.

Es war an einem Donnerstag im April. Ich setzte mich in den Fernsehsessel, wählte das erste Programm. Der Gong ertönte zur Tagesschau: das Signal für Max. Ich hörte, wie er in der Ecke von seinem Kissen aufstand, den Bügel der Handtasche in die Schnauze nahm und herüberkam. Er setzte sich vor mich und streckte mir die Tasche her. Ich nahm sie ihm ab, öffnete den Verschluß und fingerte einen Hundekeks heraus. Max verschlang ihn und trug die Tasche in die Ecke zurück. Ich verfolgte die Nachrichten zu Ende, sah auch noch den Wetterbericht und ließ den Apparat eingeschaltet. Elke hatte immer gesagt: "Max schläft so wunderbar bei laufendem Fernseher ein." Als ich sein Schnarchen hörte, griff ich nach der Post auf dem Beistelltisch und bemühte mich, die Umschläge leise zu öffnen.

Da hielt ich einen Brief aus Santa Barbara/Kalifornien in Händen und sah Dagmars großzügige Schrift. Sie lud mich ein, sie zu besuchen. Ich hatte Elkes jüngere Schwester zuletzt vor eineinhalb Jahren bei der Beerdigung gesprochen und seitdem nichts mehr von ihr gehört.

Als ich die Schwestern während des Studiums kennengelernt hatte, gefielen mir beide. Schnell erwies sich mein Werben um Dagmar als aussichtslos. Sie verlobte sich mit dem Assistenten ihres Medizinprofessors. So entschied ich mich für Elke, die als Sekretärin in der Pathologie arbeitete. Kurz nach unserer Heirat löste Dagmar ihre Verlobung auf. Nach dem Examen und der Promotion ging sie an die Universität in Santa Barbara/Kalifornien, wo sie sich später habilitierte. Sie blieb ledig.

Ich las den Brief ein zweites, ein drittes, ein viertes Mal. Könnte mehr dahinterstecken als schwägerliche Fürsorge? Oder war das nur ein verwandtschaftlicher Versuch, mir Ablenkung zu verschaffen? Auch die Freunde hatten sich bemüht, mir auf diese oder jene Art über meine Trauer hinwegzuhelfen. Allerdings war das gleich in der ersten Zeit nach Elkes Tod geschehen. Dagmar aber hatte eineinhalb Jahre geschwiegen, bis sie sich zu diesem Brief entschloß. Am Ende stand Deine Dagmar. Und energisch hatte sie einen dicken Punkt dahintergesetzt. Oder war es unter Verwandten üblich, mit Dein... zu unterzeichnen?

II.

Am nächsten Vormittag ließ mich die Arbeit in der Kanzlei nicht zur Besinnung kommen. Während des Spaziergangs mit Max zwischen elf und halbzwölf beschäftigte mich eine komplizierte Erbschaftsangelegenheit, in der ich die Klage zu vertreten hatte. Aber während ich Max nach dem Mittagessen die Schnauze abwischte, verdrängte Dagmars Brief alles andere aus meinem Kopf.

Dennoch legte ich mich wie gewohnt mit dem Hund zum

Mittagsschlaf auf Elkes Sofa. Wieder sein leichtes Zögern, bevor er sich in meine Kniekehlen kuschelte. Plötzlich war in mir eine ganz neue Regung: Am liebsten hätte ich ihn weggeschubst und ihm den gemeinsamen Mittagsschlaf verweigert.

Auf dem Kissen in der Ecke sah ich die Handtasche liegen. Sie war einmal beige gewesen. Aber in der unteren Hälfte kam inzwischen das Lederbraun überall durch. Nur zum Verschluß hin, wo das Leder rüschenartig gerafft war, hatte sich die einstige Farbe gehalten. Die Scharniere waren ausgeleiert. Die Bespannung des Bügelmetalls war schon längst zerkaut. Von Zeit zu Zeit umwickelte ich die Stelle mit einem neuen Stück Leder. Ob die Tasche Max überhaupt noch an Elke erinnerte?

Zum erstenmal seit Elkes Tod legte ich mich an diesem Abend nicht in ihr Bett, an dessen Fußende Max mit der Tasche schlief, sondern in mein eigenes daneben. Am Himmel erkannte ich das Sternbild des Orion. Schlafen konnte ich nicht. Ich stand auf, öffnete das Fenster, atmete tief die Nachtluft ein und legte mich wieder hin. Max schnarchte. War das das unschuldige Schnarchen einer armen Kreatur? Nein, es war ein unausstehlich selbstgewisses Schnarchen. Das Schnarchen eines Lebewesens, das sich Menschenähnlichkeit ertrotzt hatte. - Doch hatte er sie sich wirklich ertrotzt? War sie ihm nicht aufgedrängt, ja aufgezwungen worden?

Fest stand, daß Max einer zähen Rasse angehörte. Ein Schäferhund lebte nicht länger als zehn, zwölf Jahre. Das entsprach einem Menschenalter von siebzig bis achtzig. Aber ein Tibetterrier konnte es auf zwanzig Jahre bringen. Einhundertundvierzig Menschenjahre! Monströs. Wenn das Schicksal es wollte, lebte Max also noch zehn weitere Jahre. Und ich, ja, ich würde im Gedenken an Elke noch zehnmal für ihn den Geburtstag ausrichten, mit Extrawurst und Sonderspaziergang. Kostbare Lebenszeit würde ich diesem Tier zum Fraß vorwerfen. Angeschmiedet an Max würde ich das Leben verpassen.

Befreien sollte ich mich von dem Tier. - Doch wie wollte ich so etwas jemals vor meinem Gewissen rechtfertigen? Sollte Elke Max in letzter Sekunde umsonst gerettet haben?

Dennoch ließ mich der Gedanke nicht los. Ohne Max könnte ich Dagmars Einladung annnehmen. Wer weiß, was sich daraus entwickelte. Auf jeden Fall wartete die kalifornische Sonne, der Strand des Pazifik, die Weite der Neuen Welt auf mich. Ich glitt in den Schlaf hinüber, sah Max hinter dicken Gitterstäben und hörte ihn winseln. Nicht einmal seine Handtasche hatte er mehr bei sich. Aber anstelle von Mitleid wollte sadistische Freude in mir aufkommen. Entsetzt wachte ich auf. Am nächsten Morgen ging ich länger mit ihm spazieren als sonst. An den Zaunpfählen ließ ich ihn schnuppern und das Bein heben, so oft und so lange er wollte. Mehrmals reichte ich ihm aus der Tasche einen Keks.

Aber die nächsten Tage und Nächte sann ich weiter auf Änderung. Ich mußte Max gegenüber mehr Freiheit gewinnen. Sein Verhalten müßte so geändert werden, daß man ihn bei fremden Leuten, zum Beispiel in einer Hundepension, in Pflege geben könnte, ohne daß es zur Katastrophe kam. Als erstes mußte ich ihm beibringen, länger als zwei Stunden auf meine Gegenwart zu verzichten. Wahrscheinlich hatten wir längst nicht alle Möglichkeiten ausprobiert, seine Trennungsangst zu überwinden. Ich fand eine Tonbandkassette, die Elke vor Jahren besprochen hatte. Für eine Nichte hatte sie Märchen aufs Band gelesen. Ich schob die Kassette in den Recorder: "In alten Zeiten, wo das Wünschen noch geholfen hat, lebte ein König, dessen Töchter waren alle schön, aber die jüngste war so schön, daß die Sonne selber, die doch so vieles gesehen hat, sich verwunderte, so oft sie ihr ins Gesicht schien..." Elkes Stimme. Vertraut und doch gespenstisch. Am Abend stellte ich Max das Tonbandgerät an, drückte die Wiederholungstaste, ging in ein Restaurant essen und anschließend ins Kino. Max mußte ohne mich auskommen.

Ein Western lief. Ich sah Kerle, die ihre Pferde nur deshalb sorgsam behandelten, weil sie sie ebenso dringend brauchten wie ihren Colt. Hunde trauten sich an diese Männer gar nicht heran. Kam ihnen einer zu nah, wurde er mit einem Fußtritt verjagt. Und das fand jeder in Ordnung. Ganz unvorstellbar, daß einer dieser Kerle einen Hund mit Keksen aus einer Handtasche bedient hätte.

Fast vier Stunden war Max allein gewesen, als ich nach Hause kam. Er stand mitten im Wohnzimmer. Der abgewickelte Kringelschwanz und der hängende Kopf ließen nichts Gutes ahnen. Als ich mich ihm näherte, wandte er den Kopf langsam unter drohendem Knurren von mir ab. Da sah ich auch schon die Bescherung. Der Kassetettenrecorder lag zerbrochen vor dem Fernseher. Das braune Tonband war herausgezerrt und bedeckte in wilden Schlingen und Schleifen den Teppich. Ich trat näher, um es aufzuheben. Aber Max bellte mich an und hätte auch zugebissen, wäre ich nicht zurückgewichen. Was ging in ihm vor? Ich wußte es nicht. "Blödes Vieh!" stieß ich aus und wiederholte voller Inbrunst: "Blödes, blödes Vieh!"

Schließlich gelang es mir, Max zu einem kurzen Gang nach draußen anzuleinen. Als er mir nicht gleich folgen wollte, ruckte ich kräftig an der Leine, so daß er aufjaulte. Ich ruckte ein zweites Mal und ließ ihn noch jämmerlicher aufschreien. Mir tat das gut. Und um des Wohlgefühls willen hätte ich fast ein drittes Mal an der Leine geruckt. Aber ich mußte an Elke denken. Dagmars Einladung konnte ich nicht annehmen. Max in einer fremden Umgebung, ohne seine Rituale - mich würde das Bild seines ungeheuren Jammers bis nach Santa Barbara verfolgen und den kalifornischen Himmel verdüstern.

Mir fiel ein, was eine Klientin von ihrem schwierigen Hund erzählt hatte: "Bei ihm hat eine Bach-Blütentherapie Wunder gewirkt." Ich kaufte ein Buch. Beim Durchblättern entdeckte ich nach dem Abschnitt "Die Bach-Blüten bei Schwangeren, Babys und Kindern" das knappe Kapitel "Die Bach-Blütentherapie bei Tieren".

Bach-Blüten hatten schon so manchem Tier geholfen. Ich las von einem riesigen Bernhardiner, dessen Angst durch Mimulus-Tropfen geheilt wurde, den Blütenextrakt des Mimulus Guttatus, der Gefleckten Gauklerblume. Nebeneffekt der Bernhardinerbehandlung: Eine Maus, die nachts aus dem Hundenapf mit den Mimulustropfen trank, wurde am anderen Morgen angetroffen, wie sie völlig angstfrei durchs Haus spazierte, gemächlich Brotkrumen aufsammelte und sich durch nichts verscheuchen ließ.

Ich blätterte zum Anfang des Buches zurück. Nur eine systematische Diagnose, hieß es, führe im Einzelfall zur Wahl des richtigen Blütenextrakts. Ich entschied mich für eine sensitive Diagnosetechnik, die ein englischer Arzt mit Erfolg praktizierte. Er nahm die linke Hand des Patienten in seine Rechte und nacheinander die 39 Fläschchen in die eigene Linke. Hielt er das Fläschchen in der Hand, dessen Inhalt der Patient brauchte, fühlte der Arzt aufgrund seiner Körperverbindung mit dem Patienten ein Prickeln in der Nackengegend, das wie ein Schauer über den ganzen Körper rieselte. Andere, hieß es, hätten bei diesem Verfahren statt des Prickelns im Nacken einen Schluckauf bekommen oder einen elektrischen Schlag verspürt.

Ich kaufte den kompletten Bach-Blüten-Set mit den 39 Fläschchen und stellte ihn auf mein Bett. Als Max am Fußende von Elkes Bett fest schlief, legte ich mich zu ihm, griff vorsichtig mit meiner Rechten nach seiner linken Vorderpfote und nahm ein Fläschchen nach dem andern in die eigene Linke. Max schlief weiter. Aber in meiner Nackengegend stellte sich kein Prickeln ein. Auch der Schluckauf blieb aus. Beim 36. Fläschchen war mir, als treffe mich ein leichter elektrischer Schlag. Ich sah auf das Etikett und las: "Wild Oat, Bromus Ramosus, Waldtrespe." Im Buch fand ich, daß dieser Extrakt bei folgenden "Schlüsselsymptomen" gereicht werden solle: "Unbestimmtheit in den Zielvorstellungen, Unzufriedenheit, weil man seine Lebensaufgabe nicht findet." Das ergab keinen Sinn. Sicher hatte sein Fuß nur, wie auch sonst oft, im Schlaf gezuckt.

Enttäuscht saß ich am andern Morgen beim Frühstück. Die Bach-Blütentherapie ein einziger Schlag ins Wasser? Irgendeins der 39 Fläschchen mußte doch richtig sein. Wenn ich es nun mit allen gleichzeitig versuchte? Ich entleerte die Fläschchen eins bis 38 in Maxens Trinknapf und gab ein wenig klares Leitungswasser dazu. Auf der Treppe sitzend, wartete ich darauf, daß Max Durst bekam und zum Napf ging. Das 39. Fläschchen hielt ich in der Hand. Das Etikett trug die Aufschrift: "Rescue / Notfall-Tropfen". Diese Tropfen wollte ich einsetzen, falls die Mixtur aus allen anderen Essenzen Max umwarf.

Es dauerte eine halbe Stunde, bis Max aus seiner Ecke hervorkam und sich dem Trinknapf näherte. Was, wenn die hochdosierte Mixtur beim Hund einen Kreislaufschock auslöste und die Notfall-Tropfen nicht anschlugen? Max beugte seinen Kopf über den Napf, schleckbereit erschien die Zunge. Da aber: ein nervöses Zucken der schwarzen Nasenspitze - auf und ab, hin und her -, und mit einer arroganten Seitwärtsbewegung des Kopfes wandte er sich von dem Trunk ab. Ich spürte den Drang, ihn im Nacken zu packen und die Schnauze mit aller Kraft in den Napf zu drücken. Doch er kam mit Elkes Handtasche auf mich zu, und da reichte ich ihm einen Keks.

III.

Seit zwei Wochen schon lag Dagmars Brief auf meinem Schreibtisch. Immer verlockender erschien mir die Reise. Beruflich stand dem Abenteuer nichts im Wege. Allein Max war das Hindernis. So wie er war, konnte er nur in der gewohnten Umgebung mit den festen Ritualen leben - und mit mir.

Jede Nacht träumte ich von Kalifornien. Welch eine Zukunft könnte sich mir auftun! Den von Max bestimmten Alltag hinter mir lassen - vielleicht für immer...

Ich oder Max, das war die Frage. Auf irgendeine Weise mußte ich mich gegen seine Bedürfnisse durchsetzen und das schlechte Gewissen gegenüber Elke loswerden. Vielleicht einfach Fakten schaffen! Ich setzte mich an meinen Schreibtisch, um Dagmar zu antworten: Ja, ich würde kommen.

Als ich drei angefangene Briefe zerknäult in den Papierkorb geworfen hatte, fiel mir ein, daß ich längst mit Max zum abendlichen Gassigang hätte aufbrechen müssen. Ich trat aus meinem Zimmer und spürte etwas Weiches unter dem rechten Schuh. Max hatte sich für meine Verspätung gerächt und mir sein abendliches Geschäft vor die Tür gesetzt.

Der Hund empfing mich mit bösem Knurren im Wohnzimmer. Er hatte sich unter Elkes Fernsehsessel gequetscht und schnappte darunter hervor, sobald ich meine Hand nach ihm ausstreckte. Nach zehn Minuten verstummte das aggressive Knurren. Die Schnauze kam drei Zentimeter unter dem Volant hervor, doch sofort fletschte Max die Zähne, wenn er sah, daß ich die Hand nach ihm auszustrecken begann. Vor Wut ließ ich mich mit Wucht in den Fernsehsessel fallen, so daß Max zwischen Polster und Fußboden zusammengedrückt wurde. Er jaulte erbärmlich auf und kroch irritiert und mit großer Mühe aus seinem Versteck hervor. Als es mir endlich gelungen war, den Schnappverschluß der Leine an der Öse des Halsbandes zu befestigen, ruckte ich mehrmals kräftig zur Strafe an der Leine. Max schrie jämmerlich auf. Die Handtasche mit den Keksen nahm ich entgegen der Gewohnheit nicht mit. Ich ließ sie in der Ecke liegen.

Plötzlich war in meinem Kopf glasklar ein Gedanke, den ich bisher nicht zu denken gewagt hatte: Umbringen sollte man das Tier, ja, umbringen! Ein ganz und gar fremdes, aber süßes Rachegefühl durchströmte mich. Gift in die Nahrung mischen - ja, das war es! Mit Lust würde Max unter dem Tisch im Wohnzimmer noch einmal kauen, schlürfen und schmatzen. Aber es wäre das letzte Mal. Wie ein schlaffer Mehlsack würde er plötzlich niedersinken, die Schnauze in den Rest des Fraßes drücken, und sein letzter, kraftloser Atemstoß würde die vergiftete Soße träge aufblubbern lassen. Dann käme der Abdecker und holte den Kadaver. Niemand würde sich für die Todesursache interessieren... - Ich erschrak heftig über mich. Zu so etwas sollte ich fähig sein? Ich ging ins Haus zurück und holte die Handtasche.

Der gewohnte Abendspazierweg lag im trüben Licht der Straßenlaternen vor mir. Ich ließ Max an den Bäumen und Pfählen nur kurz schnuppern. Ich zog den Widerstrebenden weiter. Unwillkürlich bog ich in den Weidenweg ein, der eigentlich den langen Nachmittagsspaziergängen an Sonn- und Feiertagen vorbehalten war. Ich überquerte die Bahngeleise und ging am Weidenzaun entlang auf den Forst zu, dessen dunkle Kulisse unter der Sichel des Mondes wie eine geheimnisvolle Verheißung erschien. Bei der ersten großen Kiefer blieb ich stehen. Kein Windhauch bewegte die

Nadeln. Plötzlich hörte ich im Unterholz trockenes Laub rascheln und Zweige knacken. Ein Hase? Nein, das mußte etwas Größeres sein. Ein Reh, ein Wildschwein...- Max zog ungebärdig an der Leine. Da spürte ich auf einmal meine Finger am Schnappverschluß. Sie drückten, und wie besessen rannte Max los. Schnell verlor sich sein fiebriges Keuchen weitab von dem Weg, den er jahrelang Sonntag für Sonntag geführt worden war.

Der Waldboden schien unter meinen Füßen zu schwanken. Mit größter Sorgfalt hatten Elke und ich stets darauf geachtet, daß Max sich nicht losriß, eine Wildspur aufnahm und im Wald auf Nimmerwiedersehen verschwand. Sobald wir den Forst betraten, hatte ich die Leine nicht nur an der Schlaufe gehalten, sondern sie um mein Handgelenk gewickelt, damit ich ganz sicher sein konnte. Wie oft hatte Elke noch einmal gefragt: "Hältst du Max auch wirklich fest?" Und jetzt war es nicht eine Unachtsamkeit gewesen, nein, wie vorsätzlich hatte ich den Schnappverschluß geöffnet. Ich rief: "Max! - Max, hierher! - Max!" Aber der dunkle Forst verschluckte meine Rufe. Von Max kein Laut.
Ich ging zurück.

Je näher ich meinem Haus kam, um so ruhiger wurde ich. Ich sah mich auf dem Wege zum Flughafen, mit leichtem Handgepäck in die Maschine einsteigen, sah sie hinabschweben in die Dunstglocke über der Riesenstadt L.A. und sah mich am Pazifik entlang auf Santa Barbara zufahren. Frei. Mußten andere nicht mit viel schwereren Gewissenslasten leben?

Zunächst aber entfernte ich, von Ekel geschüttelt, Maxens Exkremente vom Teppich vor der Tür meines Zimmers. Meinen Brief brauchte ich nicht mehr abzuschließen und zum Kasten zu bringen, ich konnte Dagmar anrufen und dann selbst bei ihr sein. Ich konnte, wenn ich wollte, sofort meine Sachen packen und das Taxi zum Flughafen bestellen.

Ein Telefonat mit dem Büro, und meine Vertretung wurde geregelt. Ich war ein freier Mann.

Im Bett lag ich noch lange wach: Elke hatte Max im letzten Augenblick von der Leine gelassen, um ihm das Leben zu retten. Ich aber hatte ihn soeben von der Leine gelassen, um ihn ins Verderben zu schicken. Doch da richtete ich mich auf. War es wirklich so? Nein. Es war anders: Max hatte Elke in den Tod gerissen; ich aber hatte mich von ihm befreit, damit er nicht auch noch mein Leben zerstörte.

Gerade wollte ich mich zufrieden ausstrecken, da hörte ich Geräusche an der Haustür. War da nicht ein Kratzen? Es folgte ein einmaliges, dumpfes Anschlagen und schließlich ein forderndes Bellen. - Max.

Santa Barbara und Dagmar waren wieder weit entfernt. Meinen Brief aber warf ich am nächsten Tag in den Kasten. Und ich ließ sie auch stehen, die entscheidenden Worte: "Ich komme." Wie ich das bewerkstelligen wollte, war mir ein Rätsel. Vorerst hatte ich damit zu tun, die Folgen von Maxens Jagdabenteuer zu beseitigen, den gräßlichen Schmutz in seinem langen Fell. Es starrte von Lehm und Tannennadeln.

Das Baden war immer die schwierigste Prozedur gewesen. Um ihn am Beißen zu hindern, streifte ich ihm jedesmal mit viel List eine Strumpfhose von Elke über den Kopf. Erst wenn die Schnauze endlich da saß, wo Elkes Zehen sonst ihren Platz hatten, sträubte sich Max nicht mehr. Sichtbares Zeichen dafür, daß er aufgab, war das Abwickeln seines Kringelschwanzes. Hatte er dann das mehrmalige Shampoonieren und Abduschen ertragen, konnte ich ihm die Strumpfhose abnehmen und mich an die Reinigung des resignativ herabhängenden Kopfes machen.

Am Tag nach seiner wilden Jagd durch Wald und Feld war

diese Prozedur nötiger als je zuvor. Den halben Vormittag war ich damit beschäftigt. Überraschenderweise ließ sich Max diesmal die Strumpfhose widerstandslos über den Kopf ziehen. Auch nach dem Bad verhielt er sich anders. Sonst war er nach dem Abtrocknen und Föhnen aus dem Badezimmer gerannt, hatte sich mit rasender Geschwindigkeit über den Teppich geschoben, war wie ein Gummiball über die Betten geflogen - alles aus Freude über die Entlassung aus der Zwangsjacke und dem eisernen Griff meiner reinigungswütigen Hände. Dann hatte er die Handtasche geholt, um einen Belohnungskeks zu bekommen. Aber diesmal blieb er schlapp in der geöffneten Tür stehen, ließ den Kopf hängen und den Ringelschwanz abgewickelt. Schließlich trottete er ins Schlafzimmer und stieg träge in Elkes Bett. Niemals zuvor hatte er am hellichten Tag diesen Platz aufgesucht.

Abends ließ er sich schicksalsergeben nach unten führen, trank viel mehr Wasser als sonst und bemühte sich draußen heftig, aber ergebnislos, sein abendliches Geschäft zu erledigen. Seine Nase war trocken und heiß.

Als ich mich ins Bett legte, weckte das krankhafte Röcheln in Elkes Bett neue Hoffnung in mir. Ja, es wurde zur Musik, als ich in Schlaf und Traum hinüberglitt. Woran auch immer Max erkrankt sein mochte, es schien wahrhaft ernst zu sein. Und wenn es so mit ihm zu Ende ging, brauchte ich meine Befreiung mit keinem Schuldgefühl zu bezahlen.

Am andern Morgen hatte sich Maxens Zustand nicht gebessert. Er fraß nichts. Warum das Ganze unnötig hinauszögern, dachte ich, und fuhr zum Tierarzt. Er würde einem derart elenden Hundeleben sicher mit der Spritze ein Ende setzen.

Max war so schwach, daß er sich willenlos auf die Rückbank des Autos legen ließ. Als ich endlich an der Reihe war, hob ich ihn auf die blanke Metallplatte des Behandlungstisches. Er wehrte sich nicht, er zitterte nur erbärmlich. So apathisch wie an diesem Tag hatte ich Max noch nie erlebt.

Der Tierarzt faßte das Ergebnis der Untersuchung zusammen: "Das Schlimmste ist vorbei. Ihr Liebling befindet sich bereits auf dem Wege der Besserung. Er hat nur etwas Unbekömmliches gefressen." Dann gab er ihm "sicherheitshalber" noch eine Spritze "zur allgemeinen Kräftigung". Und ich konnte mit meinem "Liebling" gehen.

Als ich Max auf den Rücksitz hob, bemerkte ich bereits wieder erste Anzeichen von Widerstand. Nach einem Kilometer erbrach er sich. Ich langte spontan nach hinten, haute ihm eine kräftige Ohrfeige und fühlte mit dem widerlichen Schleim an meiner Hand zugleich eine Linderung meiner Wut. In mir regte sich kein schlechtes Gewissen.

Zu Hause kam Max wieder mit seiner Handtasche angeschleppt. Aber das ließ mich kalt. Mir fiel ein, daß Elke die Handtasche während des Unfalls bei sich getragen hatte und wie bewegt ich gewesen war, als der Bestatter sie mir reichte. Aber das schien auf einmal sehr lange her zu sein. Jetzt sah ich nur ein schäbiges Ding, das an Maxens Schnauze baumelte.

IV.

Am Sonntag rief Dagmar aus Santa Barbara an. Sie hatte meinen Brief erhalten. Ich war so überrascht, daß ich nur stotternd antworten konnte. Aber nach zehn Minuten stand fest: In zwei Wochen würde ich fliegen. Am Donnerstag, dem 25.!

Den Montag davor bestimmte ich als Tag des Abschieds von Max. Unter den Hundepensionen, die sich anboten, fand ich eine heraus, die mir mehr als alle andern geeignet zu sein schien. Sie wurde von einem Rentnerehepaar draußen auf dem Lande betrieben. Jeder Hund erhielt hier eine eigene Rückzugsmöglichkeit, durfte aber auch in Gesellschaft anderer herumtollen. Der Prospekt pries die Ernährung als "vielseitig, vitamin- und ballaststoffreich". Im Telefonat mit dem Pensionsinhaber ließ ich am Rande fallen, der Hund sei "nicht ganz einfach". Doch das schien keinen Eindruck zu machen. "Wir kriegen alles hin", hieß es, "und zwar mit Güte." Meine Zweifel behielt ich für mich.

Montagmorgen. Der Tag meiner Trennung von Max. Vor keinem Examen war mir so beklommen zumute gewesen wie in diesen Stunden. Als ich mein Frühstückstoast aß, kam Max wie üblich mit seiner Handtasche auf mich zu. Er setzte sich vor mich hin. Seine Augen waren vom Haarschleier bedeckt. Er zerkaute den Keks, den ich ihm reichte, und trottete mit seiner Handtasche davon.

Was sollte ich für ihn einpacken? Die gewohnten Hundeflocken? Den Kamm? Die Bürste? Sicherheitshalber ein Flohhalsband? Ein großes Paket mit Hundekeksen? - Die Handtasche natürlich.

Für wie lange galt eigentlich der Abschied? Für drei, für vier, für sechs Wochen? Für immer? Im Gespräch mit Dagmar war die Dauer meines dortigen Aufenthalts unbestimmt geblieben. Die Anwaltskanzlei konnte nahezu unbegrenzt ohne mich weiterlaufen. In der Hundepension hatte man keinen festen Abholtermin für Max verlangt.

Nach langem Hin und Her entschied ich mich schließlich für die gefüllte Handtasche als einziges "Reisegepäck". Der Metallbügel hatte am Vorabend noch eine neue Lederbespannung erhalten. Ein großes Problem war die Autofahrt zur Hundepension. Max ins Auto hineinzubugsieren, war schon eine kaum lösbare Aufgabe. Und dann der Brechreiz während der Fahrt! Aber das Schlimmste würde die Trennung an der Tür der Hundepension sein.

Ich nahm eine von Elkes Strumpfhosen, schnitt in das eine Bein kleine Luftlöcher und tat Max gegenüber, als wollte ich ihn duschen. Es gelang mir nach dem üblichen Kampf, ihm die Strumpfhose über den Kopf zu ziehen und mit Knoten zu sichern. Sein Schwanzkringel rollte sich ab, und nun konnte ich ihn an der Leine zur Garage führen. Doch das Auto war nicht die Dusche. Er sträubte sich mit allen Kräften, hineingezogen zu werden. Aber diesmal steigerte der Kampf mit ihm meine Wut derart, daß ich ihn schließlich mit der einen Hand im Nacken packte und mit der andern am Schwanz. So warf ich ihn auf den Rücksitz. Seine Handtasche flog hinterher.

Als ich am Steuer saß und Richtung Ausfallstraße fuhr, hörte ich auf der Rückbank kein Wimmern, sondern nur mühsames Atmen. Die Schnauze war bei dem Gerangel so weit in die Fußspitze der Strumpfhose gerutscht, daß Ober- und Unterkiefer fest aufeinandergedrückt wurden. Prompt mußte ich an Elke denken. Unvorstellbar für sie, welche Grausamkeiten ich Max gegenüber beging. Hätte ich so etwas jemals zu ihren Lebzeiten getan, wäre sie sporenstreichs zum Scheidungsanwalt geeilt. Sollte ich nicht anhalten und dem Hund durch Zurechtzupfen der Strumpfhose ein wenig Erleichterung verschaffen? Aber wenn ich jetzt schon weich wurde, wie wollte ich dann den Abschied bei der Hundepension durchstehen?

Ich erreichte die Alte Dorfstraße. Mein Ziel, ein kleines bäuerliches Anwesen, lag am Ortsende. Ich sah es, fuhr aber erstmal vorbei und bog nach dreihundert Metern in einen Feldweg ein, um Max auf die Übergabe vorzubereiten. Er schien zu schlafen. In Elkes Strumpfhose, die sich um seine Schnauze herum etwas gelockert hatte, war keine Spur von

Erbrochenem zu sehen. Ich setzte mich neben ihn, knotete die Zwangsjacke auf und zog sie vom Kopf. Er blieb ruhig liegen. Da fiel der Haarschleier vor seinem linken Auge zur Seite. Ich sah einen Blick, der nicht vorwurfsvoll war, nicht fordernd, nicht bittend. Da war nur ein unergründliches Schwarz. Er hob den Kopf ein wenig. Jetzt gab der Haarschleier auch das rechte Auge frei. Und wieder: nichts als ein unergründliches Schwarz.

Natürlich hatte ich auch vorher manchmal seine Augen nackt gesehen. Aber mir war, als hätte ich noch nie eine solch schwarze Blöße erlebt. Sie schien die Menschenähnlichkeit, die er angenommen hatte, Lügen zu strafen, alle Vertrautheit als Illusion zu entlarven. Und Elkes Handtasche, die neben ihm lag, wirkte plötzlich wie eine Veralberung. Aber keine Veralberung konnte diesen Augen etwas anhaben.

Max setzte sich auf. Der Haarschleier fiel wieder herab. Max gähnte. Ich nahm einen Keks aus der Handtasche. Er verweigerte die Annahme. Ich fuhr zur Hundepension zurück. Der weißhaarige Besitzer empfing mich an der Haustür. Er sagte: "Lassen Sie mich mal!" Er öffnete die Autotür, hielt Max die Hand hin zum Schnuppern und schnalzte mit der Zunge. Max ließ seinen Schwanzkringel hin- und herwackeln und sprang hinaus. Er wandte sich neugierig einer Dogge zu, die gemächlich aus der Haustür heraustrat. Dann tollte er auf dem Rasen um sie herum und suchte sie zu bewegen, mit ihm zu spielen.

Ich stieg ins Auto und fuhr davon. Max wandte nicht einmal den Kopf. Neben einer Bank sah ich einen Abfallbehälter. Ich hielt an und warf Elkes Handtasche hinein.

Die Handtasche

VON MARKUS ORTHS

Ungefähr ein Jahr, nachdem sie bei uns eingezogen war, läutete meine Großmutter eines Abends an der Haustür, wankte durchs Wohnzimmer und sagte, sie werde nie wieder einen Bissen zu sich nehmen, wenn es uns nicht gelänge, die Handtasche zurückzubringen, die man ihr soeben gestohlen habe. Dann ging sie die Treppen hinauf in ihr Zimmer und schloss sich ein. Als ich ihr folgte, klopfte und von außen fragte, was geschehen sei, sagte meine Großmutter, sie wolle nicht darüber sprechen.
Und das war kaum zu glauben.
Denn niemand redete lieber als meine Großmutter.
Sie konnte pausenlos reden, ein unermüdliches Plappern, ein kaum zu stoppender, endloser Strom von Wörtern in aberwitziger Geschwindigkeit, sie redete so schnell und so lange, bis sich manchmal die obere Reihe ihrer Zähne löste und zwischen den Lippen erschien, sodass sie das Gebiss mit einer schnellen Handbewegung zurückschob, während sie die andere Hand schützend vor den Mund hielt und weiterredete, als sei nichts geschehen, und ihre braunen Augen schelmisch zusammenkniff. Als ihr Mann, Opa Herwagen, noch lebte, begann sie zu reden, sobald der von der Arbeit nach Hause kam, sie redete beim Kochen, redete vom Herd aus zu ihm ins Esszimmer, Opa Herwagen faltete die Zeitung auf und sagte ab und zu Ja, und Großmutter hörte nicht auf zu reden, als sie das Essen auftischte und sich setzte und zu essen begann. Sie redete, wenn sie bei uns zu Besuch war und meine Mutter Kaffee eingoss, Geschirr spülte, bügelte und die Küche aufräumte. Und wenn meine Großmutter anrief, hielt meine Schwester manchmal den Hörer in den Raum, sodass wir ein leises Quaken zu hören bekamen, meine Schwester sagte ab und zu Ja oder Ach so, und hielt den Hörer dann wieder ins Leere. Meine Großmutter schweifte fortwährend ab, wenn sie

redete, griff zu jedem sich neu bietenden Erzählstrang, und oft wusste sie am Ende nicht mehr, womit sie begonnen hatte. Über ihr Leben redete sie, Anekdoten, Geschichten aus dem Krieg, Armut, die gefallenen Söhne, alles, was sich in der Spanne ihrer 76 Jahre ereignet hatte, und wir kannten ihre Episoden bis in die kleinsten Verästelungen, hatten alles schon etliche Male gehört, doch es hatte keinen Sinn, ihr dies zu sagen, denn dann brach sie das, worüber sie gerade sprach, ab, um ein anderes Erlebnis zu erzählen, das wir genausogut kannten. Scholl-Opa, begann eines ihrer Lieblingsstücke, ein Nachbar, ein Freund von Opa Herwagen, da könne sie sich noch genau dran erinnern, wie sie damals, 1966 war das gewesen, bei Scholls Fernsehen geschaut hat, wir selbst hatten keinen Fernseher, und als dann die Weltmeisterschaft war, gingen wir zu Scholl-Opa, und der hatte zwei Cousinen, die damals in den Schwarzwald gezogen waren, nach Nagold, oder in die Nähe von Nagold, und das waren so feine Dämchen, die Schwestern, die waren so elegant, die haben aber nicht geheiratet, nein, die sind zusammen in den Schwarzwald gezogen und dann auch dort gestorben, im Schwarzwald, die liegen da auf dem Friedhof begraben, und die haben immer zu Weihnachten ein Päckchen geschickt, zu Scholls, mit lauter Sachen, die man hier schwer bekommen konnte, am Niederrhein, die waren ja reich, waren die, feine Damen, kann man sagen, aber nicht verheiratet, die wussten, was man hier gut gebrauchen konnte, und die Frau vom Scholl-Opa, das Mariechen, hat dann immer eine Antwort geschrieben, nach Weihnachten, hat sich bedankt, hat eine Antwort in den Schwarzwald geschrieben, nach Nagold, jedenfalls, der Scholl-Opa hat dann einmal den Brief mitgenommen, um ihn in den Briefkasten zu stecken, also den Dankesbrief, den Brief, den das Mariechen geschrieben hatte, um sich für das Paket zu bedanken, und am selben Tag war Beerdigung, war das die Beerdigung von dem Meyer Ludwig, ja, doch, ich glaub wohl, das war die Beerdigung von dem Meyer Ludwig aus dem Kolping-Verein, der Scholl-Opa war ja im Kolping-Verein bei uns auf der Körnerstraße, zuerst Geschwister-Scholl-Straße, später dann Körnerstraße, die haben ja auch eine Gaststätte im Kolping-Haus, Mittagstisch, Kegelbahn, Beerdigungskaffee, und da trafen sich die Männer immer zum Kartenspielen, der hat ja sein Leben lang Karten gespielt, der Scholl-Opa, und jetzt ging der zur Beerdigung vom Meyer Ludwig, die waren nicht gut befreundet, aber da kann man nichts machen, da muss man ja hingehen, hatte also seinen schwarzen Anzug an, der Scholl-Opa, nahm den Brief mit für die Schwestern aus Nagold, die lebten ja damals bestimmt schon zehn Jahre in Nagold, hatten da ein Haus gekauft und sich niedergelassen, ob die geerbt hatten, ich weiß nicht, wo die das Geld her hatten, jedenfalls, die Zeit verging, Januar, und es wurd Februar, da kam ein Brief von den zwei Dämchen, da schrieben die, ja, Mariechen, ob sie denn, also ob sie denn das Paket nicht bekommen hätte, das sie ihr zu Weihnachten geschickt hatten, sonst hätte sie doch immer einen Brief geschrieben, dass sie das Paket bekommen hätte, von Dank konnten die ja nichts schreiben, doch, schrieb das Mariechen zurück, natürlich hätten sie das Paket bekommen, sie hätte ja einen Brief geschickt, nein, schrieben die Schwestern, sie hätten den Brief nicht bekommen, doch, schrieb Mariechen, sie hätte den Brief weggeschickt, naja, war also nichts zu machen, der wird wohl irgendwo in der Ecke bei der Post liegen, sagte man, Hauptsache, das Paket war angekommen, und jedenfalls, ach ja, das wollt ich erzählen, das Spiel, 66, wo die Engländer gegen die Deutschen gespielt haben, da waren wir bei Scholl in der Wohnung und haben das Spiel im Fernsehen geschaut, und das war kurz vor Schluss, da stand es noch 2 zu 1 für die Engländer, und da sagt der Scholl-Opa, pass auf, das gleichen die noch aus, und er hatte es noch nicht gesagt, da stand es 2 zu 2, und ich sag, Herr Scholl, sag ich, wenn Sie jemals die Wahrheit gesagt haben, jetzt haben Sie sie gesagt, und dann war das ja mit dem Tor, das keins war, wo der Ball so unter die Latte kam, und der Linienrichter, das war ja ein

Russe, die Russen waren schon ausgeschieden, damals, aber der sagt Tor, und das war gar kein Tor, hat man später rausgefunden, war aber nichts zu machen, das haben die dann noch verloren, und am nächsten Tag war wieder Beerdigung, und der Scholl-Opa zieht sich den schwarzen Anzug an, geht in die Tasche, und da ist da der Brief an die Schwestern, von Weihnachten, das ist schon ein halbes Jahr her, von wegen, irgendwo in der Ecke bei der Post, nein, da ist der Brief die ganze Zeit in dem schwarzen Anzug im Schrank gewesen, und was macht der Scholl, der geht zum Briefkasten, wirft den Brief ein, Mariechen, schreiben die Schwestern, der Brief ist angekommen, wir haben den Brief bekommen, endlich, Freud satt hatten die.

Am nächsten Morgen, beim Frühstück, es waren Ferien, wir waren alle zu Hause, kam meine Großmutter die Treppen hinab, setzte sich zu uns an den Frühstückstisch und rührte nichts an. Meine Mutter goss ihr Kaffee ein, meine Großmutter verzog keine Miene. Es bleibe dabei, sagte sie, sie esse solange nichts mehr, bis man ihr die Handtasche zurückbringe. Sie sah an den Brötchen vorbei, meine Mutter sagte ihr, sie solle endlich erzählen, was genau passiert sei, und Großmutter begann nur langsam zu reden. Sie sei noch ein wenig spazieren gegangen und habe sich bei der Brücke auf eine Bank gesetzt, weil die letzten Sonnenstrahlen so schön auf dem Wasser gelegen seien, das habe sie daran erinnert, wie sie einst, das wird wohl schon zwanzig Jahre her sein, mit meinem Mann, das war noch, bevor der den Schlaganfall hatte, zur Insel Mainau gefahren ist, auf der Insel Mainau haben wir damals...
Großmutter, unterbrachen wir sie, wir kennen die Geschichte von der Insel Mainau, wir wollen wissen, was mit der Tasche ist.
Also gut, sagte meine Großmutter, sie habe, als sie so auf der Bank saß, einen jungen Mann beobachtet, der über die Brücke an ihr vorbeigejockt war. Er habe einen Jogginganzug getragen, grau, mit Kapuze, aber nicht übergezogen,

sodass sie die Farbe seiner Haare habe erkennen können, braun, so ähnlich wie die von Erich, der ja mit 26 gefallen ist, das weiß ich noch wie heut, wie ich da mit meinem Mann an der Tür stand, der Bote kam auf so einem Krad, hießen die ja, grau-grüne Uniform und Helm, und der brauchte nichts zu sagen, der hatte einen großen Umschlag dabei und da war die Brieftasche von Erich drin, die war ganz zerfleddert, ein Loch von der Kugel, und ein Brief war dabei, beim Überbringen, stand da drin, beim Überbringen einer wichtigen Meldung an die Kameraden in vordester Front erlitt er...
Wir: Großmutter.
Sie sei also nach einer Weile aufgestanden und weitergegangen, es sei kälter geworden, da habe sie plötzlich Schritte hinter sich gehört, sie habe sich umgedreht und den jungen Mann wiedererkannt, im grauen Jogginganzug, diesmal, sagte meine Großmutter, die Kapuze übergezogen, sein Gesicht nicht zu erkennen, meine Großmutter sei weitergegangen, ein junger Sportler, habe sie gedacht, der am Abend noch seine Runden dreht, und sie habe sich an das letzte Mal erinnert, da sie selbst Turnschuhe umgeschnürt habe und gelaufen sei, ist das tatsächlich in den fünfziger Jahren gewesen, der Krieg noch nicht mal zehn Jahre zurück, Währungsreform, Adenauer, Wirtschaftswunder, und dann wir Frauen, die gemeinsam durch die Stadt laufen, kurz, nachdem mein Vater...
Die Tasche, unterbrachen wir sie, und sie erzählte weiter, wie sie, als der junge Mann auf gleicher Höhe mit ihr gewesen sei, plötzlich einen Ruck gespürt habe und der Mann habe ihr die Handtasche weggerissen und sei mit der Handtasche davongelaufen, schnell, und sie sei so überrascht gewesen, dass sie nicht einmal habe schreien können, erst nach kurzer Zeit habe sich ihre Verkrampfung gelöst, da aber sei es zu spät gewesen, der Mann schon fort, sie sei nach Hause gegangen, und wenn man ihr die Tasche nicht zurückbringen würde, wolle sie sterben. Meine Mutter: Was denn so besonderes an der Tasche gewesen sei? Mei-

ne Großmutter: Nie habe sie von der Tasche erzählt. Zu niemandem. Und jetzt solle sie plötzlich von der Tasche erzählen? Jetzt, noch dazu, wo sie weg ist, gestohlen?

Ich fuhr mit dem Fahrrad über die Brücke, sah in jeden Mülleimer, den man für die Touristen in Geländernähe angebracht hatte, fand aber nichts. Schloss dann das Fahrrad ans Brückengeländer und stieg die Uferböschung hinab, was eigentlich verboten war, ging am glitschigen Ufer entlang, einige hundert Meter flussabwärts, schaute, ob vielleicht die Tasche irgendwo angeschwemmt worden war, wäre beinah ausgerutscht und ins Wasser gefallen, erschrak heftig, als ich mich gerade noch mit den Händen abstützen konnte, denn das Wasser floss dicht an mir vorbei und laut, der Wasserstand war hoch, weil die vergangenen Wochen einiges an Niederschlag gebracht hatten. Als ich zurückkam und von meiner erfolglosen Suche berichtete, glaubte ich zu sehen, wie meine Großmutter ein wenig zusammensackte, sie schien dicht davor zu weinen, und ich beeilte mich zu sagen, ich hätte ja noch gar nicht alles abgesucht, nur eine Seite des Ufers, und man müsse die Suche ausdehnen, ich hätte ja jetzt Zeit und würde meine Freunde anrufen, das mache ja Spaß, das sei wie eine Schatzsuche, und wenn das nicht ausreiche, könne man nach dem Jogger fahnden, denn so einen grauen Kapuzenpulli trage man heutzutage kaum noch, der steche ins Auge, das sei ein gutes Erkennungszeichen, und ich verschwieg, dass der Dieb wohl kaum so dumm sein dürfte, den Pulli ein zweites Mal zu tragen, stattdessen fügte ich hinzu, ich würde mich den ganzen Tag über auf die Brücke setzen, wenn es sein müsse, und hoffen, dass der Jogger noch einmal vorbeikäme. Großmutter nickte, meine Mutter aber sagte, so weit käme es noch, dass ich mich wegen einer ollen Tasche auf der Brücke unterkühlen würde, nein, sagte meine Mutter, wenn meine Großmutter nicht erzählen wolle, was so besonderes an der Tasche sei, so könne sie ihr nur anbieten, ihr eine neue Tasche zu kaufen, und damit basta. Sie sei ein Geschenk, sagte da meine Großmutter. Was? fragte meine Mutter, was denn für ein Geschenk? Von Opa Herwagen? Wir saßen im Wohnzimmer, mein Vater, der die Zeitung weggelegt, meine Schwester, die den Fernseher ausgeschaltet hatte, ich, meine Mutter, und in der Mitte, auf ihrem Sessel, Großmutter, die sagte: Nein, nicht von meinem Mann. Meine Mutter: Von wem denn dann? Die Handtasche, sagte Großmutter, stamme aus dem Jahr 1927, aus demselben Jahr, in dem Chaplin seinen berühmten Film gedreht hat, den haben die dann irgendwann im Fernsehen gezeigt, und ich hab den Film bei Scholls gesehen, das weiß ich noch, da war der Scholl schon über sechzig, und da ist dann die Geschichte mit dem Auto passiert, der hatte nämlich ein Auto, der Scholl, aber man hatte ihm gesagt, ich weiß nicht, wer das war, ob das von der Behörde kam oder woher, jedenfalls, man hatte ihm gesagt, der hätte seinen Führerschein abzugeben, weil er zu alt war, und da hat der sich aufgeregt, der Scholl-Opa, zu alt, und er würde weiterfahren, hat er gesagt, auch ohne Führerschein, das wär ihm egal, nee, da war nichts zu machen, und das Mariechen, die hatte ja Angst, dass was passiert, und hat eine Anzeige in die Zeitung gesetzt, Auto zu verkaufen, und da kamen dann auch Leute, die haben sich das angesehen, das Auto, und der Scholl-Opa hat nichts davon mitbekommen, und Mariechen hat es dann auch verkauft, das Auto, ohne dass der Scholl-Opa was davon erfuhr, und der Scholl wollte dann eines Morgens zu seinem Auto gehen, und das Auto war weg, aber der war nicht wütend, nichts, der hat nicht viel gesagt, ganz vernünftig ist der geblieben, der Scholl-Opa, ein bisschen traurig vielleicht, aber vernünftig, hat eingesehen, dass es doch das Beste war, und ein paar Tage später hat er gesagt, aber alt bin ich noch nicht, das hat er gesagt, der Scholl-Opa, das war an dem Tag, als wir den Chaplin-Film gesehen haben, und später hat er dann den Chaplin nachgemacht, der konnte ja alle Leute nachmachen, der Scholl-Opa, Adenauer und Fritz Walter und Frankenfeld, jedenfalls kam dann die Stelle in dem Film, wo der Chaplin als Kellner tanzen und singen soll, aber Chaplin kann sich den Text nicht merken, den er singen muss, und schreibt ihn auf seine Manschetten, und dann geht es los, der fängt wild an zu tanzen und wirbelt die Arme hoch und zur Seite, und die Manschetten fliegen in hohem Bogen fort, der Chaplin tanzt weiter und kuckt auf seine Armgelenke und will den Text lesen, und der ist weg, war aber nichts zu machen, der musste ja trotzdem singen, und das Orchester spielt weiter, der Chaplin tanzt und schlurft so komisch über die Tanzfläche und sucht seine Manschetten und findet sie nicht, und das Orchester wartet darauf, dass der Chaplin endlich zu singen beginnt, und dann erfindet der Chaplin den Text, der singt einfach, was ihm gerade einfällt, und wir sitzen da und verstehen nicht, was er singt, und trotzdem müssen wir lachen, und jedenfalls, da schellt es plötzlich an der Tür, und das Mariechen sagt, wer kann das denn sein, steht auf und geht zur Tür, da ist da ein Mann, der sagt, der kommt wegen der Anzeige, nein, sagt das Mariechen, das Auto ist schon verkauft, nee, sagt der Mann, der kommt nicht wegen dem Auto, der kommt wegen dem Herd, und das Mariechen, wieso Herd, und der Mann sagt, da steht ja Herd zu verkaufen und zeigt dem Mariechen die Zeitung, und da hatte der Scholl-Opa tatsächlich den Herd in die Zeitung gesetzt, nee nee, was hammer gelacht, ja, so Sachen machte der Scholl-Mann. Naja, und es verging die Zeit, die Zeit, die verging, und das Mariechen starb und mein Mann starb, und dann starben auch die Schwestern aus Nagold, im Schwarzwald, das waren so feine Dämchen, die Cousinen von dem Scholl-Opa, kurz hintereinander starben die, und der Scholl war der einzig Hinterbliebene, jetzt muss ich da runter, sagt der Scholl, das kann ich ja gar nicht mehr, nee, sag ich, Herr Scholl, das können Sie auch nicht mehr, und da hab ich ihm dann geholfen, und wir haben alles zusammen geregelt und jemanden bestellt, der den Haushalt aufgelöst hat da unten, und ein paar Wochen später kamen zwei riesige Pakete aus dem Schwarzwald, da bin ich rüber zu dem

Scholl und hab mit ihm die Pakete aufgemacht, da sagt der Scholl, jedenfalls brauchen wir keinen Dankesbrief mehr zu schreiben, ich sag, Herr Scholl, sag ich, das können Sie doch nicht sagen, aber so war der eben, und da war in einem Paket die Handtasche, der zieht die raus, da sagt der, hier, Frau Herwagen, sagt der, die ist für Sie, ich sag, Herr Scholl, sag ich, das kann ich ja nicht annehmen, doch, sagt der, die ist für Sie, die Tasche, Herr Scholl, sag ich, kucken Sie mal, die Schnalle, die ist am Ende noch wertvoll, nein, sagt der Scholl, die schenk ich Ihnen, Frau Herwagen, ich sag, Herr Scholl, sag ich, hier ist ein Zettel an der Tasche, und der Scholl fragt, was denn auf dem Zettel steht, und da stand da Sammlerstück, 1927, rotes Galalith mit silberner Artdecò-Schnalle, ich sag, Herr Scholl, das kann man ja gar nicht bezahlen, nein, sagt der Scholl, die gehört Ihnen, die müssen Sie behalten, und da war nichts zu machen, der Scholl sagt noch, er kann ja schlecht mit der Tasche zum Kolping gehen und drückt sie mir in die Hand. Und es verging die Zeit, die Zeit, die verging, und da starb auch der Scholl-Opa, und ich hab noch jahrelang allein gelebt, bis ich zu euch gezogen bin, und ja, was will man machen, wenn man allein in der Küche sitzt, da hab ich also die Tasche auf den Küchentisch gestellt und angeschaut und an den Scholl-Opa gedacht und an all die verrückten Sachen und wie wir gelacht haben, oft, Tränen gelacht.

Und an dieser Stelle hörte meine Großmutter auf zu erzählen. Ich hatte das Gefühl, dass sie noch etwas auf der Zunge hatte, dass da noch etwas fehlte, warum, dachte ich, erzählt sie nicht weiter? Mir war schleierhaft, weshalb sie nie von der Tasche erzählt hatte, warum sie uns die ganze Zeit über verheimlicht hatte, wie sie zu der Tasche gelangt war. Sie hatte sie geschenkt bekommen, na und? War es der immense Wert der Tasche? Nein, und wäre er noch so hoch, das war es nicht, das wusste ich, das Geld, das die Tasche bei einer Auktion einbringen würde, das

interessierte meine Großmutter nicht. Es musste etwas anderes sein.
Meine Großmutter beruhigte sich in den nächsten Tagen und begann wieder zu essen. Doch irgendetwas hatte sich verändert. Nach ihrer letzten Erzählung hatte ihr Reden den Schwung verloren, die Ausschweifung, das Feuer. Sie ging abends früher ins Bett als gewohnt. Ich fragte mich, ob meine Großmutter den Diebstahl der Tasche als böses Omen ansah? Nein, dachte ich, das kann es nicht sein. Und die Erinnerungen, die sie an die Tasche knüpfte? In viele ihrer Erzählungen, dachte ich, hatte sie Scholl-Opa eingeflochten. Ich fragte meine Mutter nach Daten und Zeiten: Scholl-Opa war fünf Jahre älter als meine Großmutter; Opa Herwagen und Mariechen waren im gleichen Jahr gestorben; zehn Jahre hatte Scholl-Opa danach noch gelebt. Meine Großmutter ist weiterhin bei ihm zu Besuch gewesen, hat mit ihm ferngeschaut, erzählt, gelacht. Und ich beschloss, sie nach Scholl-Opa zu fragen, direkt und unverblümt. Ein ums andere Mal war ich schon kurz davor, die Treppen zu ihrem Zimmer hochzusteigen, doch meine Furcht war zu groß, sie könnte mich hinauswerfen, mich entsetzt fragen, wie ich auf solche Gedanken käme. Oft kehrte ich unverrichteter Dinge wieder um. Und wenn ich es schaffte zu klopfen und in ihr Zimmer zu treten, reichte mein Mut nur aus, sie zum Erzählen aufzufordern, über den Krieg, über den Brief, den Scholl-Opa vergessen hatte einzuwerfen, über die gefallenen Söhne. Sie erzählte all das, was ich bereits kannte, langsamer, kürzer, mit weniger Begeisterung, und ich hörte ihr zu. Ich bin mir sicher, dass ich dennoch bald den Mut gefunden hätte, sie zu fragen, wenn ich nicht aus dem Nichts heraus die Bedeutung des Wortes Lungenembolie hätte lernen müssen, eine Lungenembolie, sagte man, ein schneller Tod, ohne Schmerzen, so, wie sie ihn sich immer gewünscht hatte, ein schöner Tod. Sehr schön, dachte ich und ging auf mein Zimmer.

Frieda
VON CHRISTIANE WACHSMANN

Heute abend: Die Oper.
Sie war sich nicht sicher, was gegeben wurde - Wagner?
Lortzing? Womöglich dieser schreckliche Berg?
Auf jeden Fall brauchte sie die andere Handtasche, die weiche, beigefarbene, mit den Perlen. Die andere passte nicht zu dem hellen Mantel.
Wenn sie jetzt nur wüsste, wann Hugo kam. Er musste noch etwas erledigen. Hatte sie zurückgelassen hier in diesem - Hotelzimmer. Das Frühstück hatte man ihr aufs Zimmer gebracht, es war etwas dürftig gewesen.
Frieda stellte die beiden Taschen nebeneinander. Das Mäppchen mit den Taschentüchern, die Puderdose, das Portemonnaie - Sie musste nachsehen, ob noch genug Ta-schentücher da waren. Nein. Im Badschrank waren frische. Die mussten sorgfältig gefaltet werden, um in das Mäppchen zu passen.
Klick, machte es, als es zuschnappte.
Das Mäppchen, das Portemonnaie, die Puderdose - Wo waren die Schlüssel? Die Schlüssel waren immer in der Handtasche, sie mussten in der Handtasche sein. Sie nahm die Puderdose heraus, das Mäppchen, das Portemonnaie. Keine Schlüssel. Der Schirm fehlte auch, und das Eau de Cologne. Wo hatte sie die Schlüssel nur hingelegt, auf die Kommode neben den Fernseher? Auf den Nachttisch? Sie waren doch immer in der Handtasche. Sie tat sie immer sofort wieder hinein.
Aber hier waren nur das Mäppchen, die Puderdose, das Portemonnaie - Alles andere fehlte. Das Portemonnaie. Mit zitternden Fingern öffnete sie den Verschluss. Geld war noch da. Wenigstens das Geld war noch da. Die Puderdose, das Mäppchen
Wo waren die Schlüssel?
Sie waren immer in der Handtasche. Vielleicht hatte sie sie

auf den Nachttisch gelegt, oder auf den Schuhschrank im Flur?
Hugo würde ungeduldig herumstehen, wenn er gleich kam, und sie hatte die Schlüssel noch nicht gefunden.
Es war doch Hugo, der sie abholen würde? Nicht Leon? Ach was, Leon. Mit Leon war sie nie in die Oper gegangen. Es war nur, wegen Hugo -
Möglicherweise war etwas dazwischengekommen. Sie hatte das Gefühl, dass sie das eigentlich wissen müsste, irgendetwas war mit Hugo, weshalb er nicht kommen konnte. Also Arnhild. Sie ging mit, wenn Hugo nicht konnte.
Sie hatte sich verspätet. Oder sie hatten etwas aus-gemacht, woran Frieda sich im Moment nicht erinnern konnte.
Sie blickte auf die Uhr. Halb zehn erst, der Tag hatte gerade erst begonnen. Sie würde noch etwas warten. Derweil konnte sie ihre Handtasche umräumen. Schirm, Eau de Cologne, die Schlüssel. Und das Portemonnaie, wo war das Portemonnaie? Und das Mäppchen mit den Taschentüchern?
Das Portemonnaie war immer in der Tasche, wo hatte sie es nur hingetan - Schirm, Eau de Cologne, Schlüssel. Das Portemonnaie war nicht da. Kein Geld.
Vielleicht hatte sie es auf den Schuhschrank gelegt? Auf den Nachttisch? Ins Badezimmer?
Es musste in der Tasche sein, sie tat es immer sofort wieder hinein - und da war es auch. In der braunen Tasche.
Wo Hugo nur blieb, sie musste sich beeilen. Er wurde so leicht ungeduldig. Jetzt brauchte sie erst einmal die richtige Tasche. Die weiche, beige, mit den Perlen passte besser zu dem hellen Mantel. Darin waren die Puderdose, das Mäppchen mit den Taschentüchern - Mal schauen, ob noch genug Taschentücher darin waren.
Und das Portemonnaie - lag auf dem Tisch. Sie steckte das Portemonnaie in die braune Tasche. Dort waren auch die Schlüssel. Hatte sie nicht nach den Schlüsseln gesucht?
Komisch. Sie waren immer in der Handtasche, sie steckte sie immer sofort wieder hinein

Erschöpft sank Frieda in den Sessel. Hoffentlich war noch etwas Zeit. Hugo war immer so ungeduldig.

Sie musste dann eingedöst sein, auf ihrem Sessel, in der Sonne. Als sie wieder auf die Uhr blickte, war es elf, und Arnhild war noch immer nicht da, und auch sonst niemand, um sie abzuholen.
Frieda ging hinüber zum Esstisch, auf dem jetzt das Telefon stand, und drückte auf die Tastatur des Registers. Sie wählte und wartete, schließlich ertönte das Besetztzeichen.
Frieda legte auf. Was telefonierte Arnhild, wenn sie doch eigentlich hier sein sollte und sie abholen -
Es war irgend etwas mit Arnhild. Genau wie mit Hugo. Sie hatten doch gesagt, dass sie kommen würden, dass irgendjemand kommen würde, um sie abzuholen. Oder nicht?
Frieda wählte erneut, und wieder kam diese Pause und dann das Besetztzeichen.
Wenn sie nur wüsste, wo sie sich befand. Wie eines der Hotelzimmer, in denen sie sonst in Frankfurt übernachteten, sah das hier nicht aus. Es war ja auch eigenartig, dass der Schrank hier stand, und darin die Meißner Figuren, die in die Vitrine gehörten -
Es waren eindeutig ihre Möbel. Sie fragte sich, wo der Teppich geblieben war, der im Esszimmer an der Wand gehangen hatte. Ein Kelim, ein Hochzeitsgeschenk von Leons Eltern.
Nein, von Hugos Eltern. Hugo, ihr zweiter Mann. Leon gab es schon lange nicht mehr, seit dem Krieg.
Danach hatte sie Hugo geheiratet.
Aber der Teppich - Der Teppich war von Leons Eltern gekommen. Sie konnte Hugo fragen, wenn er denn kam, oder Arnhild. Wo blieb sie nur?
Frieda versuchte es noch einmal mit dem Telefon, es war wieder besetzt.
Ich werde mir eine Taxe nehmen, dachte sie plötzlich. Ich nehme mir eine Taxe und fahre hin. Was muss sie auch so lange telefonieren.

An der Rezeption war niemand. Suchend sah sich Frieda in der Empfangshalle um, aber dort saß nur eine alte Frau in einem karierten Kleid.
Ungeduldig klopfte Frieda mit dem Schlüssel auf die Theke.
Sie wollte sich eine Taxe rufen lassen. Amselweg 10. Wirklich ein Unding, dass hier niemand kam.
Das Frühstück war ja auch recht dürftig gewesen.
Jetzt hatte die alte Frau etwas gesagt.
Aber was?
"Da ist erst um zwölf wieder jemand da", wiederholte sie.
"Erst um zwölf?"
"Sie sind neu hier, nicht wahr?"
Die Frau lächelte Frieda zu. Sie legte die Hand auf den Stuhl an ihrer Seite. "Setzen Sie sich doch."
Frieda hob das Kinn. "Ich wollte mir eine Taxe rufen lassen."
"Ein Taxi? Da brauchen sie nur hinausgehen und dann nach rechts. Am Eingang zum Park ist ein Stand. Vielleicht zweihundert Meter weit, immer den Straßenbahnschienen nach - Aber sie sind ja noch recht gut zu Fuß."
Frieda fand diese Bemerkung überflüssig. Geradezu aufdringlich. Natürlich war sie noch gut zu Fuß, aber das ging hier niemanden etwas an.

"Amselweg?", fragte der Taxifahrer. "Wo soll das sein?"
"Dort wohnt meine Tochter", sagte Frieda.
"Amselweg, Amselweg - Da muss ich erst einmal nachfragen."
Das ging unter reichlich viel Rauschen und Knistern aus der Funkanlage vor sich, niemand schien sich auszukennen.
Frieda blickte aus dem Fenster.
Schließlich wandte sich der Fahrer zu ihr um.
"Das ist aber nicht hier in Heidelberg, oder?"
Heidelberg? War sie nicht in Frankfurt?
Da hatte sie doch gedacht - Aber da waren ihre Möbel gewesen. Ihre Möbel waren nicht in Frankfurt.
"In Mannheim", sagte sie.

"Soll ich Sie da jetzt hinfahren? Nach Mannheim?"
"Ja, bitte."
Es gelang ihr, sich ihre Erleichterung nicht anmerken zu lassen. Sie war müde und erschöpft. Sie wollte heim, in ihre vertraute Umgebung, in ihre Wohnung mit dem Kelim und den Meißner Figuren in der Vitrine, und Hugos Zimmer, in dem es jetzt immer ein wenig feucht und muffig roch -
"Da wären wir", sagte der Taxifahrer nach einer Zeit, die ihr weder lang noch kurz erschienen war, die einfach nur vorbeigegangen war, wie es Zeit manchmal tat, wenn man erst einmal ihr Alter erreicht hatte, 93 wurde sie im Herbst - Dort war Arnhilds Wohnung.
Aber warum hatte sie die Gardinen abgenommen?
"Ich warte, bis Sie drin sind", sagte der Taxifahrer. Der zweifelnde Unterton in seiner Stimme gefiel Frieda überhaupt nicht. Sollte er nur nicht glauben, sie sei eine dumme Alte, die sich in der Welt nicht mehr zurechtfand. Sie war immer noch rüstig für ihr Alter, das hatte die Frau im Hotel sofort bemerkt.

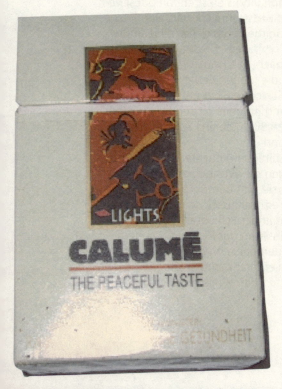

Aber dann war es doch gut, dass er nicht gleich davongefahren war, denn auf dem Klingelschild stand ein fremder Name, und niemand öffnete.
Frieda konnte sich das nicht erklären. Wenn Arnhild die Gardinen abgenommen hatte, war sie vielleicht zur Reinigung gefahren. Vielleicht hatte es Sinn, noch zu warten. Aber dieser Name? Wieso stand dort dieser Name? Und was war mit der Oper?

Jetzt hatte der Taxifahrer etwas gesagt, o Gott, und sie hatte nicht zugehört.
Er wiederholte seine Frage: "Wohin jetzt?"
Kalter Schweiß brach ihr aus. Wohin jetzt? Sie hatte keine Ahnung. Wenn er es nicht wusste - Wer dann?
Im letzten Moment fiel ihr die Adresse ein.
Das Auto setzte sich in Bewegung.

Er hatte sein Angebot zu warten nicht wiederholt, aber das war auch nicht notwendig. Sie war froh, dass sie ihn endlich los war, diesen Taxifahrer.
Und außerdem war sie jetzt zuhause, endlich wieder zuhause. Sie war froh, dass sie den Schlüssel nicht an der Rezeption abgegeben hatte.
Sie begann, die Stufen hinaufzuklettern. Zum Glück gab es dieses seitliche Geländer, an dem sie sich hochziehen konnte - waren sie schon immer so steil gewesen, diese Stufen? Nach drei Schritten musste Frieda eine Pause machen, und dann noch einmal, und dann stand sie auf dem Podest vor der Tür und wünschte sich nichts sehnlicher als eine Sitzgelegenheit. Mit aller Kraft klammerte sie sich am Geländer fest -
Endlich ließ der Schwindel nach. Die Haustür war nicht richtig geschlossen. Das waren die jungen Leute. Nie achteten sie darauf, die Haustür ins Schloss zu ziehen. Frieda kramte den Schlüssel hervor und ging hinüber zu den Briefkästen. Vergeblich versuchte sie, den Schlüssel ins Schloss zu bringen, so sehr zitterte ihre Hand.
Ich werde mich erst einmal hinlegen, dachte Frieda. Nach all den Strapazen - Doch auch die Wohnungstür wollte sich nicht öffnen lassen, so sehr sie sich bemühte.
Was war das überhaupt für ein Schlüssel, so sah doch ihr Schlüssel nicht aus? Das war ja der Schlüssel aus dem Hotel. Sie hatte den falschen Schlüssel an der Rezeption abgegeben. In Frankfurt. Sie hatte den ganzen weiten Weg zurückgelegt, hatte es geschafft, hierherzukommen, sogar die Stufen hinauf, und jetzt hatte sie den falschen Schlüssel.

Aber das konnte nicht sein. Das hier war ihr Schlüssel. Der Schlüssel aus der Handtasche. Sie tat ihn immer sofort wieder hinein -
Während sie noch ein weiteres Mal probierte, den Schlüssel ins Schloss zu stecken, öffnete sich die Tür.
Einen Moment standen sie sich stumm gegenüber.
Dann sagte Finchen: "Tante Frieda. Wie kommst du denn hierher?"

"Aber Ruth sagst du nichts davon."
Finchen lächelte.
"Es ist ganz unnötig, sie damit zu belasten", sagte Frieda.
Finchen konnte nicht Auto fahren, glücklicherweise. Aber Ruth - Sie würde mir nichts, dir nichts, kommen und Frieda zurückverfrachten in dieses Altenheim, in dem man sie untergebracht hatte.
In dem Ruth sie untergebracht hatte.
Und dann würde sie dafür sorgen, dass kein Taxifahrer der Stadt sie jemals wieder transportierte. So eine war Ruth, rücksichtslos und dominant und auf nichts als ihre Bequemlichkeit bedacht. Da hatten sie dieses große Haus, die Tochter studierte in einer anderen Stadt, aber für sie, Frieda, für ihre eigene Mutter, war dort kein Platz.
Sie sperrte man ins Altenheim, in dieses winzige Appartement, wo nicht einmal die Hälfte ihrer Möbel Platz hatten, von Kostbarkeiten wie dem Kelim und Hugos Nussbaumsekretär gar nicht zu reden.
Wer den wohl an sich genommen hatte - Frieda kniff die Augen zusammen. Hier stand er jedenfalls nicht. Im Gegensatz zu dem Bauernschrank im Flur. Den hatte jetzt Finchen, zusammen mit der Wohnung.
Ruth hatte ihr wohl gesagt, dass Finchen dort eingezogen war, aber das hatte Frieda natürlich nicht ernst genommen. Weshalb sollte Finchen in ihre Wohnung einziehen?
Sie hatte die Einrichtung verändert. Das meiste war ihr eigenes Zeug, nicht weiter bemerkenswert, aber das Regal dort kam Frieda bekannt vor - Sie hatten sich großzügig bedient, allesamt.

Da brachte Finchen den versprochenen Tee.
"Ruth hat sich nie viel aus mir gemacht", sagte Frieda.
"Schon als Kind hatte sie diese merkwürdige Unabhängigkeit. Ich wäre gerne hier in der Wohnung geblieben, aber ohne ein Minimum an Unterstützung ist das nicht möglich. Ja, wenn Arnhild noch leben würde."
Finchen hatte sich auf der anderen Seite des Tisches niedergelassen und nippte an ihrem Tee.
"Sie hätte sich gekümmert", fuhr Frieda fort. "Da müsste ich nicht erst anrufen und sagen, dass es mir schlecht geht. Sie ist immer da gewesen, wenn ich sie brauchte, nach Hugos Tod. Sie hätte nie jemanden geschickt, der sich hier in alles einmischt, vom Pflegedienst. Wildfremde Leute. Was sollte ich denn mit denen anfangen?"
Finchen stieß einen Seufzer aus.
"Es ist ja nicht viel, was ich verlange", sagte Frieda. "Nur ein Besuch, ab und zu, und ein bisschen Hilfe beim Einkaufen. Wie soll ich mich denn zurecht finden, in der fremden Stadt? Ich habe niemanden, mit dem ich reden kann - Den ganzen Tag bin ich alleine. Die alten Leute dort, was kann man sich mit denen groß unterhalten. Die reden immer das Gleiche, nach fünf Minuten haben sie vergessen, was sie gesagt haben und fangen wieder von vorne an. Sie reden über nichts als sich selbst, jammern über ihre Kinder, das Essen - Heute morgen das Frühstück zum Beispiel -"
Irritiert hielt Frieda inne. Das Frühstück - Hatte sie überhaupt gefrühstückt? Sie konnte sich nicht erinnern. Und auch zum Mittagessen war sie nicht unten gewesen. Zumindest wusste sie nicht, was es gegeben hatte. Blumenkohl? Ja, Blumenkohl, wahrscheinlich. Sie kochten ihn immer zu lange, alles kochten sie zu lange. Ihre Zähne waren ausgezeichnet. Sie hatte noch immer ihr eigenes Gebiss, und dabei würde sie 93 Jahre alt werden, kommenden Herbst.

Aber das wusste Finchen natürlich. Sie war ja die Tochter ihrer ältesten Freundin, Dorotheas Tochter.
Und Dorothea war auch schon tot.
Jetzt hatte Finchen etwas gesagt. Was hatte Finchen gesagt? Warum saß sie dort auf dem Sofa, auf der Sofakante vielmehr, und blickte so zu ihr herüber?
"Du hast doch Ruth nicht angerufen?"
Finchen schüttelte den Kopf.
"Sie würde mich wieder dorthin zurückbringen", sagte Frieda. "Aber mein Zuhause ist hier. In dieser Wohnung, in dieser Stadt. Hier wissen die Leute, wer Hugo war. Dort haben sie keine Ahnung. Ruth kümmert sich nicht richtig. Dabei ist nicht viel, was ich verlange. Nur ein Besuch, ab und zu, ein gemeinsamer Spaziergang - Sie stellt mich ja nicht einmal richtig vor. Mein Leben lang war ich Frau Dr. Thalmann, und jetzt lässt sie den Titel einfach weg. Wir waren schließlich verheiratet, Hugo und ich -
Hat es geklingelt?"
Finchen machte Anstalten, sich zu erheben.
"Aber Ruth hast du nichts gesagt "
Weg war sie, ohne eine Antwort, und dort war auch schon Ruth, kam herein in einer kühlen Brise, und um ihren Mund herum war dieser ärgerliche Zug.

"Es gibt keine andere Lösung, Mama. Du musst Geduld haben. In ein paar Wochen hast du dich bestimmt eingelebt."
Frieda starrte durch die Windschutzscheibe nach draussen, in die helle Sonne. Die Augen schmerzten, aber sie blinzelte nicht.
"Schau, dort hast du doch wenigstens Gesellschaft. Du bist nicht so allein wie in deiner Wohnung, kannst dich beim Essen mit den anderen unterhalten - Und wenn es dir einmal nicht gut geht, ist sofort jemand da. Ich könnte mich gar nicht so intensiv um dich kümmern. Es ist die beste Lösung."
Frieda starrte weiter geradeaus.

"Am besten legst du dich gleich hin. Ich werde unten Bescheid sagen, dass sie dir das Abendessen aufs Zimmer bringen."
Und die Oper, was war mit der Oper?
Wenn sie wieder ihre Migräne bekam, würde sie nicht gehen können. Hugo würde höchst ungehalten sein - Hugo. Der war auch schon tot.
"Ich finde es nicht fair von dir, Josefine unter Druck zu setzen. Sie ist selbst nicht mehr die Jüngste - Was hast du dir dabei gedacht, einfach nach Mannheim zu fahren?"
Die Schmerzen nahmen zu. Sie setzten sich fort von den Augen zu den Ohren, wo sie zu einem Rauschen wurden, und einem Schwindel, der das Auto schwanken und die Bäume zu ihrer Rechten auf sie zufliegen ließ.
"Sie ist ein solches Schäfchen", sagte Ruth mit einem Lächeln in der Stimme. "Sie hat sich immer vor dir gefürchtet."
Der Motor brummte, der Blinker tickerte leise. Ruth steuerte die Ausfahrt entlang.
"Es ist nicht schön, so alt zu werden", sagte Frieda. "Gar nicht schön."

Andreas Upit

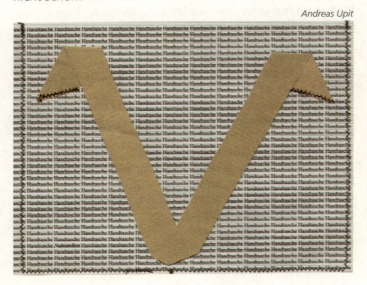

"Sei froh, dass du gesund bist", sagte Ruth. "Es gibt viele, die dich darum beneiden würden."
"Alle sind fort", sagte Frieda. "Es ist keiner mehr da, mit dem man reden kann."
"Du hast uns", sagte Ruth. "Ich komme einmal in der Woche, deine Enkelkinder besuchen dich. Und was ist mit den anderen Leuten im Heim?"
"Es gibt niemanden mehr, den ich fragen kann", sagte Frieda. "Niemanden, der sich an Leon erinnert, an die Zeit, als Arnhild noch klein war. Es gibt niemanden mehr. Alle sind tot."
"Da wären wir. Ich bringe dich noch schnell hinein."
Sie ging um das Auto herum, beugte sich über Frieda, um den Gurt aufzumachen, reichte ihr die Hand und zog sie aus dem Sitz. Von der Ecke her kreischte die Straßenbahn, und das Sonnenlicht war noch immer unerträglich hell. Frieda hatte Mühe, ins Gleichgewicht zu kommen.
"Alles in Ordnung?", fragte Ruth. "Lass uns hier über den Zebrastreifen gehen. Warte, bis die Autos vorbeigefahren sind. Pass auf, dort kommt die Straßenbahn."
"Und heute abend?", fragte Frieda.
"Heute abend komme ich nicht. Ich habe schon genug Zeit verloren mit dieser Aktion."
"Heute ist Mittwoch", sagte Frieda. "Du hast gesagt, wir gehen jeden Mittwoch zusammen aus."
"Herrgott, Mama. Wie oft soll ich es noch sagen. Wir haben abgemacht, nach Möglichkeit - Mama!"
Dort kam die Straßenbahn, die Schienen blitzten in der Sonne. Kam herangesaust mit Gebimmel und Rädergekreisch, und sie hörte Ruth, die schrie, und dachte: Jetzt. Schwindeln. Sich fallen lassen. Ein Schlag, Blut überall, der Körper ein regloses Bündel, Schreie und entsetzte Gesichter - Alle würden entsetzt sein.
Sie fühlte sich am Arm gepackt und zurückgezogen. Das Kreischen der Bremsen erstarb.
Leise summte die Bahn vorbei, nur ein Luftzug streifte sie, und in ihrem Mund schmeckte Frieda Metall.

Die Handtasche
von Bernd Walf

              Die
     Hand   tasche
   Enthält   alles
 Was   man
Häufig   braucht:
Lippenstift und Taschentuch, Nagellack, Adressenbuch.
Eine Tüte Drops und feine Seidenstrümpfe für die Beine.
Zigaretten, wenn man raucht, Feuerzeug wird auch gebraucht.
Außerdem ein wenig Geld, um zu kaufen, was gefällt.
Ausweis, Scheck und Führerschein, müssen auch noch mit hinein.
Nagelschere, Damenbinden und auch Schlüssel kann man finden.
Alles das muß mit hinein, will man eine Dame sein.
Auch ein Messer darf nicht fehlen, will man einen   Apfel schälen.
Dieses noch und jenes noch. Oh weh, die Tasche   hat ein Loch

                                  Und

                            Alles

                        Fällt

                 Heraus!

Die Handtasche - Triptychen
VON ANNIKA REICH

Modell I

Hornhenkel
Eine Lichtung. Lichtungen haben immer so etwas Weihnachtliches. Und dann noch der Hirsch. Seine Nüstern dampfen wie frisches Gebäck. Das Geweih ist zwar nicht mehr flauschig, aber die Szene duftet. Grasgrün. Alles anderes als Dezember. Das Gras verschwindet im Maul des Hirschs und wird dort zu einer Füllung verarbeitet. Durch das Zielfernrohr kann man es noch besser erkennen: Das Geweih hat einen eleganten Schwung, geradezu perfekt. Da knallt es. Natürlich. Und schon tropft die Füllung grünrot aus dem Maul. Der Kopf liegt schräg im Gras. Ein Geschenk für die Gattin. Extravagantes Modell. Bald mit Lippenstiften, Kreditkarten und einem parfümierten Taschentuch gefüllt.

Schnappverschluß
Meine Frau hat so wunderbare Knie. Das hat sich auch nach all den Jahren nicht verändert. Einzeln sind sie nichts Besonderes, aber zusammen, wenn sie nebeneinander stehen, haben sie so einen Blick... Sie schielen ein bißchen. Silberblick nennt man das, glaube ich. Und sie sind immer gerötet. Ihr Korallenrot schimmert durch jeden Seidenstrumpf hindurch. Sie war auch einmal mit auf dem Hochstand. In Gummistiefeln und kurzem Mantel. Da wirkten ihre Knie wie die Augen einer Berberin. Nichts habe ich mehr getroffen. Überhaupt nichts. Schon gar keinen Hirsch. Das Modell bekommt also einen silbernen Schnappverschluß mit korallenfarbenen Kugeln. So als würde sie ihre Knie übereinanderschlagen und den Zauber ihres Blicks verschließen.

Lack
Er wird den Hirsch jetzt auf eine Plane schleifen und ihn in seinen silbernen Wagen legen. Die Plane glänzt wie Lack. Dunkelgrüner Lack. Von dem man das Hirschblut ganz einfach abwaschen kann. Aber die Innenseite der Plane ist leicht aufgerauht, sie wird den Duft des Hirschs behalten. Und seine Gattin wird das Modell auf die Oberschenkel über die Knie stellen, wenn sie das nächste Mal diesem Herrn Doktor gegenüber sitzt. Und der Herr Doktor wird das Blut riechen und auf den Lack starren. Und nicht auf die Knie. Und weil sie es nicht gewöhnt sind, die Knie, so übergangen zu werden, werden sie aufstehen und ihr Geheimnis behalten, und er seine Gattin.

Modell II

Kordel
Die Tanzfläche leert sich langsam. Nur noch diese beiden Mädchen, die sich ineinanderwinden. Das Besondere an ihnen ist nicht, daß sie sich so gleichen. Sie sind Zwillinge, das sieht man natürlich sofort. Das Besondere ist, daß sich aus ihrer Windung ein Strang webt, der bis zur Bar am anderen Ende der Tanzfläche reicht. Strickliesel und Nixe. Nur verdrehter. Ihre Lider klappern immer schneller zum Rhythmus. Sie becircen sich. Plötzlich schließen sie die Augen, zucken ekstatisch und: reißen sich auseinander. Der Strang spannt sich bis zur Bar, und das andere Ende fällt zwischen ihnen auf den Boden. Sie heben die beiden Enden auf, hängen sie sich um die Schulter und bestellen einen azurblauen Drink an der Bar.

Reißverschluß
Sie hat da einen Zahn, wo ich keinen habe. Ich habe da einen Zahn, wo sie keinen hat. Aber ohne Bewegung klaffen wir auseinander. Und trotz unserer Zähne greift man in uns hinein. So als hätten wir gar keine. Dagegen können

wir nichts tun. Wir sehen aus wie ein Raubtiermaul mit Kiefersperre. Ohne Bewegung kommen wir nicht zusammen. Und wenn das Schiffchen uns dann verbunden hat, sind wir wieder starr, nur ineinandergesteckt. Zu nah also. Wir können dem Schiffchen keine Befehle geben. Wir sind ihm ausgeliefert. Nur während der Fahrt fühlen wir uns lebendig. Wir lieben nervöse Schiffsführer. Wenn sie uns immer öffnen und schliessen. Das ist orgiastisch. Aber meistens lassen sie uns offen oder ziehen uns zu, bevor es soweit ist.

Wolle
Die Seide hat sie hypnotisiert. Jede Anspannung ist gewichen, und jetzt haben sie den Salat: Verstrickt. Bis an ihr Lebensende. Lauter linke Maschen. Diese komische Strickerin hat von beiden einen Faden genommen und sie über die Nadeln gelegt. So als hätte nicht jede ihre eigene Geschichte. Am Anfang konnten sie ihren Faden noch auseinanderhalten. Nach fünf Zentimetern Gestricktem haben sie ihn dann verloren. Vorbei mit dem Wer-ist-wer. Gut, sie haben jetzt eine Innenseite aus Seide, aber die Seide hat sie da ja schließlich reingeritten. Und jetzt ist genau das passiert, was sie ihr ganzes Leben vermieden haben: Sie vermischen sich! Zwischen den Maschen fusselt es. Gemeinsame Fussel, ununterscheidbare Fussel. Ob sie wollen oder nicht.

Modell III

Goldkette
Neumond. Die Reifen ihres Fahrrads ziehen eine Schlangenlinie durch die Wüste. Der Gummi ist so eingeschnitten, daß er die Spur einer Schlange hinterläßt, einer Würgeschlange. Die Reifen sind eine Sonderanfertigung in Gold. Seitdem sie vor drei Jahren diese kopflose, goldene Schlange gesehen hatte, wußte sie, daß sie ihr folgen mußte - nach Arabien - und ihre Spur in der Wüste nachziehen. Bis der Kreis geschlossen war. Sie hat viel dafür geopfert. Bei

Neumond ist sie losgefahren, bei Neumond wird sie ankommen. Danach wird sie nie wieder den Anflug eines Würgereizes bekommen, wenn sie auch nur ein goldenes Armkettchen sieht. Danach läßt sie die Schlange in einer Kette erstarren. In Gold. Sieg!

Magnetverschluß
Vollmond. Je länger ich den Mond ansehe, desto runder wird mein Gesicht. Das ist die Weite um mich herum. Der Sand. Keine einzige Wolke. Meine Spur wird nicht verwischen. Und wenn schon. Ich habe eine Nase, die genau in den Krater in der Mitte des Mondes paßt. Ganz genau! Da zerrt es auf einmal an meinen Haarwurzeln, meinem Hals - mein Gesicht reißt sich los und rast dem Mond entgegen. Ein unglaublicher Sog. Gewaltig! Der Mond rast auf mich zu. Der Krater nimmt immer deutlicher die Negativform meiner Nase an. Nur noch schimmerndes Silber um mich herum. Der Sog wird so stark, daß ich... Da hört man ein kurzes, schnalzendes Geräusch, und meine Nase steckt im Mondkrater. Der Mond schließt mit meinem Gesicht ab. Zu!

Wildleder
Sie geht nur noch in Cafés, in denen es braunen Zucker gibt. Dann reißt sie so viele dieser länglichen Zuckertütchen auf, bis eine Düne auf dem Teller entsteht. Sie bestellt einen Café, läßt die braunen Kristalle durch ihre Finger rieseln und behält den Eingang im Auge. Bis eine junge Frau mit einer Glattlederhose den Raum betritt. Dann lacht sie, schüttet sich den Zucker in die Tasche und geht. Sie trägt nur noch Wildleder. Wüstenleder. Sie hat immer diesen runden, silbernen Mond aus Wildleder dabei, den sie im Laufe des Tages mit braunem Zucker füllt. Das braucht das Wildleder. Es hält seine eigene Innenseite nicht aus. Sie führt ihren Mond an einer dicken, goldenen Kette spazieren und streicht die einzelnen Glieder auf und ab. Sie hütet sich vor Dieben.

Novemberholz

VON RALF HANSELLE

Die im Dorf, die hatten das immer gesagt. Das mit dem Ehlert seine, das geht nicht gut, hatten die gesagt, auf ihren morschen Bänken hockend und dösend auf der großen Bleiche.
Dem Ehlert seine, die wird mal der Deiwel holen, hatten die gesagt, da ist die noch brav mit dem Bollerwagen durchs Dorf, die Morgenmilch verteilen, da hockte die noch im Straßenkötterhaus, die Löcher stopfen und den Brautschatz schrubben. Der Ehlert und die Klocken Leni - das passte nicht, von Anfang an. Das wußten die in Lemgo, die ihr Leni vermißten, des Ulkes und des Lachens wegen, und in Herrentrup, da hatte sich das auch schnell schon herumgesprochen - bei den jungen Dingern nach dem Sonntagsgang und bei den schwarzen Witwen am Staketenzaun.
Da hätt er ja gleich bei Fürstens einheiraten können, hatten die im Dorf gesagt, die das schon immer geahnt hatten, dass das nichts würde, mit dem Ehlert und der Klocken Leni drüben beim großen Meierhof im mürben Straßenkötterhaus.
Bei Sibillens an der Theke, da hieß die Oma bald "das arme Ding", und in der Einliegerwohnung hinter Ehlerts Deele, wo die Alte auf eine letzte Lungenentzündung wartete, da war auch kaum einer hochbeglückt über dem Gottlieb seine 'Stadtpartie'.
Das Kind, das is' ja nicht mal vonne Landwirtschaft, hatte die Alte noch gestöhnt, da lag sie schon auf ihrem Sterbebett, das Kissen ganz platt und die Augen blutrot. Weiß nich' mal, wie se de Wäsche inne Zinkwanne kricht, das alberne Ding, wie se die Hühner ausnimmt, wie se die Ziejen füttert, die der Gottlieb von de Hude treibt. Wenn ich nicht mehr bin -, hatte die Alte gesagt, Chott, hatte sie gesagt, dann wird das nichts mehr.
Und das hatte Eindruck gemacht - die Alte auf dem Sterbe-

bett, mit den kleinen Augen und den zähen Gliedern, der Haut wie ausgedörrtes Leder; die Alte, wie die von der Zukunft sprach in der Einliegerwohnung hinter Ehlerts Deele. Selbst der Pastor hatte da noch drüber nachgegrübelt, als er der Alten ihren Nachruf pfeilte, als er am Erdloch stand und der trockene Sandboden in die Grube wehte. Von ne Zukunft, hatten die im Dorf später gesagt, von der hatte die alte Ehlert was verstanden. Meschugge mag die gewesen sein, mit den Katzen und dem Hokuspokus, doch von ne Zukunft - Chott, hatten die gesagt im Dorf, die immer Chott sagten, wenn sie sonst nichts sagten. Von ne Zukunft, nee, wirklich, Hut ab!

Altes Schäferwissen, hatte die greise Ehlert zu Lebzeiten immer geflunkert, wär das mit dem Zukunftskrimskrams. Vom alten Thomas wär das, hatte sie geflunkert, die ihre Salben aus einem alten Buch abmixte und im Kaffeprütt las wie eine Drude. Nur mit der Leni, die meine Oma war, da sollte die Ehlert fürs erste Unrecht haben, da half auch Hokuspokus nichts. Die hatte zwar ihren Gottlieb, und das ging auch nicht gut, doch mit der Zinkwanne, da sollte die Drude nicht Recht bekommen.

Die Leni nämlich, die meine Oma war, die brauchte bald schon keine Wannen mehr, und auf der Bleiche war die auch nicht mehr. Der kaufte der Gottlieb die Miele Elektro, Modell 150 aus Gütersloh, dazu noch 'ne Mangel von Alfa-Lavel, die stellten sie in die Einliegerwohnung rein, da, wo dann nur noch die Mäuse waren. Und wie er das machte, des Ehlerts Gottlieb, das wußte im Dorf bald keiner mehr. Nur den Kopf hatten sie noch geschüttelt, als der große Magdeburger mit dem Gottlieb drauf um die Straßenecke flog, festgeschnürt die zwei Maschinen hinten drauf.

Das bricht ihm jetzt das Jenick, hatten die gesagt, über den Ehlert, der der Leni alle Wünsche aus den braunen Knopfaugen herauslesen konnte. Das dauert nich mehr lang, denn wird der Gottlieb abjemeiert, hatte die gesagt über den kleinen Straßenkötter Gottlieb Ehlert, der mein Ziehopa war und dem die Klocken Leni schnell das fusselige Haupthaar vom Kopfe fraß.

Besonders der Kerkhof hatte das gesagt, der Kolonialwarenhändler, der dem Ehlert seine Finanzen rasch besser kannte, als Ehlerts Gottlieb selber. Der Kerkhof, mit dem Laden hinterm Ehrenfeld, der konnte Lenis Haushaltsbuch bald hersagen wie seine fünf Blagen die Wacht am Rhein. Der konnte das zitieren, selbst mit besoffenem Kopf, als die andern noch immer nur Chott sagten, weil sie sonst nicht wußten, was sie sagen sollten.

Lieb Ehlert mein, kannst nicht mehr ruhig sein, konnte der Kerkhof sagen und auch sonst alle Posten aus Lenis Haushaltsbuch, bis hin zur letzten Zeile.

Die aber verschwieg er, die mußte er noch verkaufen an des Ehlerts Leni, die die bestellt hatte, ohne dass ihr Gottlieb dies auch nur ahnte. Und das wär vielleicht alles auch nicht so schlimm gekommen, wär da nicht diese Zeile gewesen, die letzte, in der Leni ihrem Haushaltsbuch. Bald nämlich ist die täglich zum Kerkhof rüber, in den Kolonialwarenladen am Ehrenfeld, ließ sich die Gewürzdosen füllen und fragte dann: Und? Und der Kerkhof schüttelte den Kopf und sagte: Morgen. Und als dann Morgen war, ging sie wieder hin, drei ganze Wochen hindurch. Dann endlich kam sie heraus aus Kerkhofs Laden, den Kopf hoch wie 'ne junge Pute und unter dem Arm ein großen Karton, den hatte der Kerkhof ihr in Zeitung gepackt. So ging die Oma vorbei an den Witwen am Staketenzaun, an den jungen Dingern, die vor den Häusern saßen auf morschen Bänken. Ging bis zum Straßenkötterhaus, wo die Fensterläden schon ganz schief saßen, packte den Karton aus und ging am Abend wieder vor, hin bis zu Kerkhos Kartoffelfeld. Da nämlich, so hieß es, 'da hielten die Frauen den Landtag ab'. Und die Leni kam dann den Weg hinauf, steif, als hätt' sie 'nen Stock im Arsch, streckte den Kopf in die Sonne über dem Feldweg und guckte rüber zu den Frauen auf dem Kartoffelfeld. Und die Frauen guckten zurück, rieben sich die Augen mit ihren schwarzen Fingern, ließen die Kartoffeln fallen, die sie gerade in den Händen hatten und sagten nur Chott. Guckten wieder und konnten's nicht glauben. Da baumelte es in Lenis Hand, das Ding aus Kerkhofs großem Karton, baumelte vor und wieder zurück, baumelte die ganze Zeit, bis die Leni wieder verschwunden war über den sommertrockenen Hangweiden. Darauf ging das Gegacker dann los, beim Landtag am Kartoffelfeuer, über dem Ehlert seine, über das schwarze Ding in deren Hand, das baumelte vor und wieder zurück, das hatte es noch nie gegeben bei denen im Dorfe in Herrentrup.
Und als ihr Gottlieb kam am Abend in das Haus mit den schiefen Fensterläden, da wußte er längst, was Sache war. Wo is es? schrie er da seine Leni an, die meine Oma war

und die er vorher nie angeschrien hatte, schrie und schlug mit dem Stock auf den Tisch, schrie und wollte dann sehen, was Sache war.
Doch die Leni, die stellte sich dumm, die zog die feinen Achseln hoch, bis sie Gottliebs Hand an den Wangen hatte, drei, vier, fünf mal.
Die Tasche!, schrie der Opa dann, schlug mit dem Stock auf den Tisch, schlug mit dem Stock auf den Arsch, fing wieder zu brüllen an: Rück sie heraus!
Die Oma kramte unterm Bett, zog alle Kisten hervor, zog die Schuhe hervor - da war sie. Schwarz war sie und klein war die. Hatte 'nen Schnappverschluss, oben an der goldenen Leiste.
Wat brauchst du 'ne Handtasche, Leni?, fragte der Gottlieb dann. Wat brauchste das? Willste da die Rüben drin tragen, in dem Ding? Da rutscht einem doch die Hand aus, sagte der Gottlieb, dem sonst nie die Hand ausgerutscht war bei der Klocken Leni.
Die aber saß am Küchentisch und heulte Rotz und Wasser, saß und heulte Stunden lang. Und der Gottlieb öffnete den goldenen Schnappverschluss, drehte die Tasche um, da fiel alles auf den Küchentisch: ein roter Lippenstift, wie ihn keine im Dorf trug, der ging gleich in den Grudeherd; dazu der fette Deelenschlüssel und ein altes Butterbrot. Dafür brauchste 'ne Tasche? Wat biste bekloppt!, sagte der Gottlieb, der noch einmal mit dem Schweineknüppel auf den Tisch schlug, mit dem vergammelten Stock, den er selbst

mir noch zwischen die Beine werfen sollte, Jahre später, als
er schon keine Schweine mehr hatte. Dann drehte er das
Licht aus und schlurfte ins Bett.
Leni aber blieb am Küchentisch, rieb sich die Augen mit der
Schürze, saß dort - nur noch eine Nacht. Und als der Gottlieb angeschlurft kam am nächsten Morgen, als er Reue
spielen wollte und Heile Gänslein, da war die Oma längst
schon weg, die Tasche in die Hand mit dem Schnappverschluss aus reinem Gold, die Jacke über und einfach fort.

In der Tasche aber sammelte sie Gänseblümchen, sammelte
Zigarettenpapier, bewahrte sie Rosenduft. So kam sie bis
nach Bielefeld, hinten auf 'nem Holztransport. Dort steckte
sie sich ein Billett in die Tasche, bevor sie dann ins Kintopp
ging. Und da wurd ihr anders, da wurd ihr schön.
Komm se! Komm se!, sagte der Fritze, das war der Filmerzähler zu Bielefeld. Komm se!, und das Licht ging aus. Und
wie das flackerte auf der Leinwand und wie die Nielsen ihre
Kerle küsste, das hatte die Leni noch nicht gesehen. Das
ratterte im Vorführraum und flimmerte in schwarz und
weiß. Und der Mund, dieser Mund, und das Näschen so
schön. Und das ratterte im Vorführraum und pocherte in
der Leni ihr Herz. Und jetze!, sagte der Fritze. Und das ratterte und ratterte. Und dessen Äuglein so schön. Komm se!
Komm se! Jetzt küsst se ihn. Und die Nielsen, die küsste,
und die Leni, die guckte - mitten auf den Fritzen sein
Mund. Und das ratterte, und das schlug Kullerköpfe, und
das drehte sich und wandte sich, bis sie sich ausgedreht
hatte, die Spule, da ging das Licht wieder an.
Nachher, auf der Straße, knipste Leni den Schnappverschluss auf, wühlte zwischen den Blumen und den Zetteln,
zwischen zwei Bonbons und der Schokoladentafel, wühlte,
und da war nichts mehr. Kein Groschen, kein Penny, nicht
eine Mark. Da stand sie da in Bielefeld, die Tasche in der
Hand und den Regen im Haar. Stand da, wußte nichts, nur
das Herz war so schön. Stand auf den Beinen, die wackelten fast, bis der kam und ihr sagte:

Komm se!
Und der Mund, ach der Mund, und das Bett war so warm, die Arme waren stark, da war alles schnell fort. Der Gottlieb, das war ihr Mann, die Eltern aus Lemgo - und wenn sie verbrennen - und die Frauen vom Dorf. Von Kopf bis Fuß - und wie der redete mit seiner Schnauze, die war aus Berlin - auf Liebe nur eingestellt. Aber reden wollte die eh nicht, die Schnauze vom Fritz, nur küssen und schnurren für eine Nacht.
Der Fritze, das war der Filmerzähler zu Bielefeld, als Billiger Jakob getürmt aus Berlin. Der konnte reden, wie der Niagarafall, den hatte die Leni gesehen in einem illustrierten Journal. Auch Berlin hatte sie mal gesehen, dem Gottlieb sein Leni, die jetzt mit dem Fritze dalag, nackt in den Kellern von Bielefeld - Berlin und den Niagarafall und alles aus 'nem illustrierten Journal. Ach, wie der reden konnte, der Fritze, der aus Berlin war, wie der tanzen konnte auf Papierrollen, und schießen konnte der hinter Zeitungsstapeln hinweg. Das alles, das wußte die Leni zwar nicht, aber Berlin - Mensch, det kennste doch, det hättste doch in ne Zeitung jesehn!
Als es hell wurd, später, da gab's noch 'n Kaffee und dann Tschüss, noch ein Kuss: Jetzt mal raus aussem Bett! Da hätt' er sie fast nehmen müssen unter die starken Arme oder hätt' sie prügeln müssen bis zum Bahnhof hin. Noch eine Karte in die Hand und ein Foto von ihm, das steckte er ihr in die Tasche rein, dann rauf auf den Zug bis nach Herrentrup. Das Taschentuch schnell noch vollgeheult: Tschüss! Noch ein Kuss. Ick liebe dir! Jetzt aber mal...! Gehen se, gehen se! Na, machen se schon!

Abends war sie dann wieder da, mit der Tasche in der Hand und einem Gewissen, das hing am Boden, so, als hätte sie Steine drin; stand vor dem Straßenkötterhaus in Herrentrup, die Haare ganz kraus und die Seele ganz wirr. Und was gewesen war, das hatte sie mitgenommen, verknäult lag das in der schwarzen Handtasche drin.

Ja, sagte der Gottlieb, was soll'n wir jetzt mit dich machen? Ja, sagte der, dann komm mal rin. Könn dich ja nich stehn lassen, da vor de Tür. Geht ja nich. Chott, Leni, bist ja janz nass.
Und dann war alles vergessen: die Tasche und der Lippenstift, der Kerkhof, die Kartoffelfrauen. Selbst der Schweineknüppel stand malerisch in der Ecke rum, so zahm hat den Ehlert das Glück gemacht.
Ich dacht mir schon, du kommst nich mehr, sagte er noch, packte seine Pulle mit Schluck aus: Jetzt trink ers man, dann wird uns warm!
Und was gewesen war, das wollt er nicht wissen, so sanft hatte der Schreck seine Demut geweckt.
Wenn du se denn brauchst, de Tasche, schob er noch hinterher, du musst das ja man wissen.
Und die Leni, die wußte das. Wo die auch hin kam in den nächsten Tagen, die Tasche, die hatte sie mit dabei. Darin sammelte sie Gänseblümchen, sammelte Haselnüsse und ein Bild von Asta Nielsen, das hatte sie aus 'nem illustrierten Journal. Einmal steckte sie auch einen Bericht hinein, den hatte der Gottlieb ihr in die Hände gedrückt, herausgerissen war der aus der Lippischen Zeitung. Das war über einen Mann, der interessierte sie nicht, einer mit Schnauzbart, der war nicht 'mondän'.
Der wird uns aus dem Elend reißen, hatte der Gottlieb gesagt. Na, lies das man, da haste was.
Der Kerl aber, der lockte sie nicht, der trug Scheitel und

Stiefel, das war ihr nicht schmuck. Nur dass der nach Berlin wollte, mit den Stiefeln, dem Schnauzbart, dem Scheitelgesicht, das fand die Leni dann doch attraktiv, da steckte sie es in die Tasche hinein.
Komm se!, dachte die Leni dann, komm se, komm se, dat kenn se doch!
Die Leni aber, die kam lang nicht mehr, noch ein paar mal durchs Dorf, dann blieb die zuhaus, blieb am Morgen im Bett, und übergab sich gen Mittag. Und als der Tierarzt kam, nach den Schweinen zu schauen, da durfte der Gottlieb den Schluck vorkrammen, die fast leere Pulle, abermals. Na denn, Prost, auf de Blagen! Komm, man das Glas noch mal ran! Jetz man Doktor, noch n Schluck aufe Erzeujer.
 Na denn, Prösterchen! Wird ja wohl nen Jungen werden, n kleinen Ehlerts Adolf.

Dass das dann die Hanna wurd', der Leni ihr Sproß, die Hanna, die meine Mutter war, da konnte der Gottlieb auch nichts mehr machen. Überhaupt konnte der nur wenig noch machen, kaum dass das Kind etwas größer war. Der konnte zwar Ochs auf dem Berg und Blinde Kuh, doch beim Einschlaflied schon, da scheiterte er. Ich hatt einen Kameraden, sang er dann sanft vor sich hin oder: Liegt vom Kampf in Trümmern die ganze Welt zu Hauf. Der mußte auch bald nichts mehr machen, des Ehlerts Gottlieb, nur manchmal noch zu Sibillens an die Theke - das soll uns den Teufel nicht kümmern! -- Na denn, Prost jetzt noch mal! - Wenn alles in Scherben fällt.
Hanna nämlich, die konnte kaum gehen, da ist sie mit der Leni zum Bahnhof hin. Jetzt nichts wie raus mit dem Kuckucksei, rauf auf den Zug, bis nach Bielefeld. Noch das Geld in die Tasche. Und dann komm, Schätzeken! Lauf Galopp! Hopp, hopp, hopp! Na, jetzt komm! Auch über Steine hinweg, aber brech dir nichts! Die Beine nämlich, die konnten kaum gehen.
Und die Hanna, die jauchzte. Komm, jetzt setz dich hierher! Die sprang durchs Abteil bis nach Bielefeld. Und wie das

stampfte und das ratterte, und die quiekte ganz laut in den Tunnel hinein. Die fing an zu singen, ein Einschlaflied: In Trümmern die Welt. Wir pfeifen drauf.
Die schlief auch schon fast, die Hanna, die meine Mutter war, die Hanna, mit der die Leni türmte nach Bielefeld. Die döste etwas, da standen sie da. Der Kinosaal, der war fast leer, und auf der Leinwand gabs Das Blaue Licht. Der Fritze aber, so hieß einst der Filmerzähler zu Bielefeld, der Fritze aber, der war nicht mehr.
Der is man wieder nach Berlin jechangen, hatte das Mädchen gesagt, das die Billetts versetzte. Der is jechangen. Chott, was sollt der auch hier? Die Filme, na, das hörste ja. Die Filme, die sprechen ja jetzt für sich selbst.
Und überhaupt hätte der Fritze die Schnauze verloren, hätte sie nicht wieder aufbekommen nach den Wahlen für den Landtag im Januar. Das wird mir hier zu braune, jetze!, hätte der noch gesagt, dann wär er weg.
Der Fritze, so hieß einst der Filmerzähler zu Bielefeld. Der konnte schweigen, zwölf Jahre lang. Schweigen konnte der bis ins Lager bei Weimar - dort kochten sie ihn aus, wie Leinen in Buchenasche.

Willste denn jetzt 'ne Kinokarte?, hatte das Mädchen noch gefragt, das die Billets versetzte; da war die Leni aber schon zum Bahnhof hin, die Hanna in der einen Hand und in der anderen Hand, da baumelte sie: vor und zurück und vor, zurück, und immer schneller - die Handtasche. Das war nur ein Sprung, nur ein Satz war das: Berlin, auf Holz, zweimal bitte! Das war nur ein Spruch, wie ein Abzählreim - im Dorf aber hatten sie den immer gesagt: Die Leni, hatten die gesagt, im Dorf, die Leni, die wird mal der Deiwel holen! Und an der Friedrichstraße, nachts gegen elf, an der Friedrichstraße, da kam er dann. Die Hanna noch schnell zu Verwandten gebracht, ein Kuss auf die Stirn. Jetzt aber man Schäfchen zählen. Und an der Friedrichstraße: Watt stehn se denn da? Stehn da ja wie ne Bordsteinschwalbe. Und die Hanna, die zählte, die zählte: ein Schäfchen - jetzt mal in die Kinos rein. Und Berlin, das war groß. Und die Hanna, die zählte, die zählte: zwei Schäfchen. Und Berlin, das war groß, und der Fritze, der Fritze, wo war der nur? Jetzt man über die Straße rüber. Und die Hanna, die zählte: drei Schäfchen. Und das ratterte noch, und das quietschte noch, und da schrie noch einer: Watt stehn se denn da? Und die Hanna, die zählte, und die Elektrische - Jetzt mal festhalten! Achtung, jetze!

Die Klocken Leni, das war meine Oma; im Dorf war die dem Ehlert seine. Die wohnte im Straßenkötterhaus, bei den Menschen, die immer Chott sagten, weil sie sonst nicht wußten, was sie sagen sollten, mit der Sprache, die war kahl und schwarz wie Novemberholz. Geblieben ist von der nur eine Handtasche, die hatten die aus Berlin gebracht, zusammen mit der lütten Hanna, die meine Mutter war und die gerade über den Tisch luken konnte. Und in der Tasche, da war alles drin: das ganze Leben - zerbrochen war das, wie eine Milchflasche. Und der Gottlieb, der nahm sie und schüttete sie auf den Tisch. Da lag alles da, als wär es Kaffeprütt. Und der Gottlieb, der las darin, wie einst die Drude, der las und der bekam das nicht zusammen: die

Gänseblümchen und das Bild vom Fritze - das war der Filmerzähler zu Bielefeld -, die Nielsen und die Zeitungsfetzen, aus denen hatte sie einstmals die Welt. Dazu Rosenduft und Zigarettenspitzen, ein Lippenstift, wie ihn keine trug im Dorf.
Dort aber, dort hatten sie das immer gesagt: Der Deiwel, hatten sie gesagt, die am Staketenzaun und auf den morschen Bänken, die, die sonst immer nur Chott gesagt hatten.

Katzengold

VON MATTHIAS SCHAMP

Geld, Gold und ein sorgenfreies Leben – in Ermangelung all dessen hat sich Wrobel entschlossen, dem Schicksal gewissermaßen auf die Sprünge zu helfen. So ein kleiner Raubüberfall erscheint ihm dazu ein probates Mittel. Und die ideale Opfergruppe hat er auch gleich ausgemacht: Omis – sie sind klein, schwach und nicht flink. Und zudem bieten sie gegenüber der anderen Personengruppe, der er sich kräftemäßig in beruhigendem Maße überlegen fühlt – kleinen Kindern – den entscheidenden Vorteil, daß sie nicht Pokémon-Karten mit sich führen, sondern Barschaften in oft beträchtlicher Höhe. Das sind die Lasten, um die sie Wrobel gern erleichtern möchte. Der Wunsch, Geld zu verdienen und zu diesem Zweck einen möglichst einfachen Weg einzuschlagen, d. h. mit einem Minimum an Aufwand ein Maximum an Profit zu erzielen, steht dabei ganz in Einklang mit den auf Effizienz ausgerichteten Prinzipien unserer Leistungsgesellschaft. Doch wie jede gute Geschäftsidee muß sie sich erst in der Praxis beweisen. Und hier hapert es derzeit an der Umsetzung.

Denn sich ein Verbrechen in Gedanken ausmalen und es tatsächlich begehen, ist zweierlei, wie Wrobel alsbald feststellen muß. Ersteres erfordert ein gewisses Quantum moralische Zerrüttung, woran es ihm beileibe nicht mangelt, zweiteres jedoch setzt Kaltblütigkeit voraus. Und genau da liegt der Knackpunkt: Verschlagenheit, Arglist, Gemeinheit – alles Eigenschaften, die man unserem Helden gerne zubilligen möchte, aber Kaltblütigkeit, nein, damit ist er mitnichten gesegnet.

Wann immer sich Wrobel an ein potentielles Opfer heranpirscht und zur Tat schreiten will, bricht plötzlich Schweiß aus seinen Poren. Nagende Zweifel. Ist das Opfer auch wirklich schwach genug? Was, wenn die alte Schachtel "Haltet-den-Dieb" ruft, und irgendein Möchtegernsheriff

gefällt sich darin, sich an seine Fersen zu heften? Die Welt ist voller Idioten, die nichts lieber tun, als sich in Dinge zu mischen, die sie nichts angehen. In scheinbar leeren Straßen kann jederzeit jemand aus einem Hauseingang treten. Fluchtwege können sich als Sackgassen erweisen. Und so weiter und so weiter. Solche Einwände quälen Wrobel und ersticken jedes Improvisationstalent, das für die Ausführung einer derartigen Tat nunmal unerläßlich ist.
Als es dämmert, fühlt sich Wrobel deshalb der Verzweiflung nahe. Stundenlang hat er die Stadt durchkämmt, ist endlose Straßen rauf und runter gelaufen. In entlegene Gegenden hat ihn seine Suche geführt, in denen ihm nicht selten selber bange geworden ist. Mittlerweile hat er Blasen unter den Füßen, und die Muskeln schmerzen gewaltig. Ach, seine kurzen Beine sind für lange Latschtouren einfach nicht angelegt.
Wrobel zerfließt zu diesem Zeitpunkt förmlich vor Selbstmitleid und hadert mit dem Geschick. Kann nicht das Schicksal einmal nett zu ihm sein? Kann es ihm nicht eine Oma über den Weg schicken, die sich ganz leicht ausrauben läßt? Offenbar nicht. Und nach Stunden der Vergeblichkeit entschließt sich Wrobel deshalb schweren Herzens, das Unternehmen abzublasen. Traurig und mit hängenden Schultern macht er sich auf den Heimweg, der ihn wie immer durch den Stadtpark führt. Da plötzlich glaubt Wrobel seinen Augen nicht zu trauen. Ein grundgütiger Gott muß sein Flehen erhört haben.

Handbuch für Handtaschenräuber, Kapitel eins: die ideale Situation.
Park, Dämmerung, Gegend nahezu menschenleer, nur in der Ferne mit seinem Dackel ein Rentner, offensichtlich fußkrank und insofern eine vernachlässigbare Größe. Und mitten im Park wie auf dem Präsentierteller, rechtsseitig eine Tasche am Arm, deren Größe und Ausbeulung ein veritables Vermögen erahnen lassen: schwarzgekleidete Oma mit schlohweißem Haar, mindestens 80jährig, nicht zu groß,

nicht zu schwer und einen ermutigend hinfälligen Eindruck erweckend. Was will man mehr?
Wrobel verfällt in Trab, immer ein Fuß rechts, ein Fuß links. Er ist Laufen nicht gewohnt, wie eigentlich jede Form körperlicher Ertüchtigung, zudem von den Gewaltmärschen des Tages total erledigt, aber die Aussicht auf Gewinn setzt noch einmal ungeahnte Kräfte in ihm frei.
Rechts, links, rechts, links, rechts, links. Wie Pleuelstangen fuhrwerken die angewinkelten Arme in der Luft. Der Atem stoßweise, Seitenstechen – egal. 10 Meter, 8 Meter, 6 Meter. Die Oma müßte sein Heranstampfen und Keuchen eigentlich längst bemerkt haben, reagiert aber nicht, ist also wohl stocktaub. "Umso besser", denkt Wrobel.
Schweiß brennt in seinen Augen, während die Tasche in seinem Blickfeld ins Riesenhafte anwächst, ein schweres schwarzes Ungetüm. Fünf Meter, vier Meter, drei Meter. "Gleich ist es soweit", jubelt jede Körperzelle in Wrobel: "Nur noch eine Anstrengung, Kameraden!" Schon fährt er die Hand aus, um im Vorbeiflug die Beute zu haschen, zwei Meter, ein Meter, ein halber Meter ...
Krawumms – mit einem Armschwenk, blitzschnell ausgeführt, hat die Oma die Tasche herumgeschleudert und unserem Helden vor den Deez geknallt. So wuchtig ist der Aufprall, daß es Wrobel glatt von den Füßen fegt und in ein Ziergehölz katapultiert. Während ein Blütenregen auf ihn niedergeht, tastet er verdutzt nach der rechten Wange, in der sich ein taubes Gefühl breitmacht, und starrt dann auf die Oma, welche zu schreien angefangen hat – aber nicht etwa um Hilfe, wie man es erwarten könnte, sondern ganz undamenhafte Flüche und Beschimpfungen, die sie auf Wrobel niederprasseln läßt. Schaum vorm Mund und wirr abstehendes Haar. Zum Fürchten, fürwahr. "Verdammt", denkt Wrobel, sein Seniorinnen-Bild einer gründlichen Revision unterziehend. Da stürzt sich die Greisin, knotige Hände klauenhaft vorgestreckt, auch schon auf ihn in der unzweifelhaften Absicht, ihm die Augen auszukratzen. Nie im Leben hätte er einem so schmächtigen Persönchen, zudem

in dieser Altersklasse, solche Kraftentfaltung zugetraut.
"Aber bitte, bitte, meine Dame, bewahren Sie doch die Fassung", keucht Wrobel, während sie beide eng umschlungen durch die Blumenrabatte rollen, daß der Dreck nur so spritzt. Aber diese denkt gar nicht daran, sondern hat sich knurrend mit ihren dritten Zähnen in seinem Oberarm verbissen, während die eine Hand zugleich tiefe Furchen durch sein Gesicht zieht und die andere mit aller Gewalt am Schläfenhaar zerrt, das gleich büschelweise ausgeht. Nicht zu vergessen die Kniestöße, mit denen das Luder seine empfindlichste Stelle traktiert. Wrobel kann seinem Protest bald nur noch mittels gutturaler Laute Ausdruck verleihen, weil sich ein Zeigefinger in seinem Mundwinkel verhakt hat, und diesen schmerzhaft nach unten reißt. Blutgeschmack im Mund. Blutschleier vor den Augen. Das rechte schwillt allmählich zu. Blaue Flecken zuhauf. Blut sickert aus tausend Schrammen und Bißwunden.
Man soll nicht etwa denken, daß sich Wrobel widerstandslos in sein Schicksal ergeben hätte. In wilder Verzweiflung schlägt er um sich und strampelt mit den Beinen. Aber es will ihm einfach nicht gelingen, einen entscheidenden Treffer anzusetzen. Ja, Wrobel droht in diesem Duell ernsthaft zu unterliegen, zumal in diesem Moment auch noch Verstärkung anrückt.
"Halten Sie durch, Madame, die Kavallerie ist im Anmarsch!" brüllt der Rentner. Krückstockschwenkend humpelt der alte Haudegen heran, Dackel im Schlepptau. Doch da verfängt sich die Oma mit ihrem weißen Haupthaar in einem Rosenstrauch, was sie einen Moment lang irritiert. Diese Zeitspanne nutzt Wrobel, einen Schlag gegen die Greisin zu landen, der ihm Luft verschafft. Zugleich winkelt er blitzschnell beide Beine an. Ein Fußtritt befördert die Oma von ihm runter.
Taumelnd richtet Wrobel sich auf und besitzt sogar noch die Geistesgegenwart, die Tasche an sich zu raffen, bevor er sich mehr schlecht als recht in Bewegung setzt. Merkwürdig breitbeinig rennt er und vollführt groteske Sprünge.

Der Rentner, zu klapprig, um die Verfolgung aufzunehmen, kümmert sich um die Oma. Dem Dackel gelingt noch ein herzhafter Biß in Wrobels Wade. Triumphgebell begleitet dessen panischen Abgang und hallt noch lange in seinen Ohren nach.

Endlich daheim. Wrobel will sich die Vorfreude ein bißchen erhalten. Deshalb verarztet er erstmal seine Wunden und gibt sich schwelgerischen Gedanken hin: So wie die Oma ihren Besitz verteidigt hat, kann es sich nur um etwas Großartiges handeln. Man liest ja immer wieder in der Zeitung von alten Menschen, die aus Angst vor Einbrechern ihre sämtlichen Besitztümer mit sich rumschleppen. Bar-geld lacht bekanntlich, aber auch Gold, Edelsteine – Wrobel will wahrlich nicht wählerisch sein.
Er hat das Prachtstück vor sich aufgebaut und tätschelt die gebauchte Oberfläche – ein Riesenexemplar von Handtasche. Liebevoll flüstert Wrobel: "Meine Beute." Ein letztes Mal fährt er mit der Hand zärtlich über das schwarze Leder und macht sich dann mit zittrigen Fingern daran, den Reißverschluß zu öffnen. Er platzt jetzt fast vor Vorfreude. Die ungeduldige Linke ertastet zunächst nur etwas Weiches, Felliges. "Pelz-, hm, schwierig", denkt Wrobel. "Wertvoll, aber nicht leicht zu verscherbeln." Jetzt will er es aber wissen. Und deshalb stülpt er mit einer abrupten Bewegung die ganze Tasche um. Überraschung!
"Nein, nein", stammelt Wrobel, springt auf und taumelt mit einer abwehrenden Geste rückwärts. Dabei gerät er ins Rutschen. Der Teppich schlägt Wellen. Krachend geht der Stuhl zu Boden. Verzweifelt rudert Wrobel nach Halt, Kopf starr geradeaus gerichtet, wo vor ihm auf dem Tisch ein totes Katzenviech liegt, dessen Blick sich förmlich in ihn einbrennt, ein fetter, schwarzer Kater, dessen rechtes Vorderbein über die Tischkante baumelt. Neben dem Kadaver blinkt ein Schäufelchen, mit dem die Seniorin unzweifelhaft ihrem entschlafenen Liebling im Park eine Grabstätte bereiten wollte. Wie in Zeitlupe nimmt unser Held diese

Dinge wahr, während der Raum um ihn herum nun unaufhaltsam zu kippen beginnt. Als Wrobel gegen das Tischbein gerät, schwankt das Möbel bedenklich. Das letzte was er nach dem Aufschlag noch mitbekommt, ehe ihn eine Ohnmacht erlöst, ist, wie ein pelziger schwarzer Körper auf ihn niederplumpst.

Autorenangaben

Nora Dornfeld (Pseudonym), geb. 1967 in Laupheim, Ausbildung und Arbeit als Jugend- und Heimerzieherin, Studium der Literaturwissenschaft.

Sabine Grimm, Jahrgang 1965, studierte Allgemeine und Vergleichende Literaturwissenschaft und Kunstgeschichte, arbeitete mehrere Jahre als Kunst- und Kulturkritikerin. Seit 1992 freie Lektorin für Rundfunkanstalten, Filmförderung und Verlage. Lebt in Stuttgart.

Ralf Hanselle wurde am 20.07.1972 in Detmold geboren. Nach dem Abitur in Paderborn studierte er Germanistik und Philosophie an der Universität Bonn. Zur Zeit lebt er als freier Journalist in Berlin. Literarische Veröffentlichungen in verschiedenen Literaturzeitungen und Anthologien. 2000 war er Finalist beim New Yorker "New-Fiction-Award".

Birgit Müller-Wieland, geb. 1962 in Schwanenstadt/Oberösterreich. Studium der Germanistik und Psychologie in Salzburg, seit 1996 freie Schriftstellerin in Berlin. Mehrere Preise und Stipendien, zuletzt Harder Literaturpreis 2000. Einladung zum Ingeborg-Bachmann-Wettbewerb 2000. Engere Auswahl zum Döblin-Preis 2001. Libretto für die Oper „Das Märchen der 672. Nacht" von Jan Müller-Wieland nach einer Novelle von Hugo von Hofmannsthal für die Wiener Kammeroper (Uraufführung 29.1.2000, Deutsche Erstaufführung Theater Nordhausen Juni 2000). Buchveröffentlichung: „Die Farbensucherin". Prosa. Haymon Verlag, Innsbruck 1997. Im Frühjahr 2002 wird der Gedichtband „Ruhig Blut" im Haymon Verlag erscheinen.

Markus Orths, 1969 in Viersen geboren, studierte Philosophie, Romanistik und Anglistik, ist Mitherausgeber der Literaturzeitschrift Konzepte und lebt in Karlsruhe. Veröffentlichungen in Literaturzeitschriften und Anthologien, u.a. ndl, Am Erker, entwürfe, macondo. Moerser Literaturpreis (2000) und open mike der literaturWERKstatt Berlin (2000). Stipendiat des 4. Klagenfurter Literaturkurses (2000). Zuletzt erschien 2001 der Erzählband "Wer geht wo hinterm Sarg?" bei Schöffling & Co.

Erwin Pischel, 48 Jahre, verheiratet, drei Kinder. Lehrer am Friedrich-Eugens-Gymnasium in Stuttgart. Autodidakt. Künstlerische Schwerpunkte: Karikaturen, satirische Objekte und Installationen sowie Kurzgeschichten. Im Jahr 2000 Siegerpreisträger des vom Goethe-Institut organisierten internationalen Karikaturen-Wettbewerbes "Humankind and Energy" anlässlich der EXPO 2000 in Hannover. Im Jahr 2001 Gruppenausstellungen in Legnica / Polen, Seoul / Südkorea, Trient / Italien, Tolentino / Italien, Haifa / Israel und Porto / Portugal.

Jutta Reichelt, geb. 1967 in Bonn, dort einige Semester Jurastudium, später in Bremen ausgiebiges, aber nicht beendetes Soziologiestudium. Lebt und schreibt in Bremen.

Matthias Schamp, geboren 1964 in Bochum, aufgewachsen in Krefeld; Studium der Kunstgeschichte und Philosophie an der Bochumer Ruhr-Uni; lebt als freischaffender Autor und Konzept-Künstler in Essen und Bochum; neben rein schriftstellerischen Betätigungen seit 1990 Beschäftigung mit litera-

rischen Grenzgängen und intermedialen Projekten; 1998 Stipendium Künstlerdorf Schöppingen für Literatur; mehrere Einzelveröffentlichungen, zuletzt: "Hirntreiben.EEG / ein Western-Roman", edition selene, Wien 2000

Lothar Voßmeyer, geb. 1934 in Bremen, Studium der Germanistik und Geschichte in Marburg, München, Göttingen. Lehrer, Schulleiter, Oberschulrat in Bremen. - Prosatexte für Zeitungen, Zeitschriften und Rundfunk. Freudenthal-Preis 1995. Niederdeutscher Erzählungsband: Wedderspeel, Verlag Ehlers, Bremen 1996. Hochdeutscher Roman: Onkel Georgs Vision, Donat Verlag, Bremen 2001.

Christiane Wachsmann, geb. 1960 in Kassel. Nach Abitur und Tischlerlehre Studium Innenarchitektur und Möbeldesign an der Kunstakademie Stuttgart. Volontierte bei den Stuttgarter Nachrichten und leitete danach acht Jahre lang das Archiv der Hochschule für Gestaltung Ulm, eine Abteilung des Ulmer Museums. Seit 1987 freie schriftstellerische Arbeiten. Leitet seit 1999 die Schreibwerkstatt an der Ulmer Volkshochschule. Verheiratet, zwei Pflegekinder. Lebt und arbeitet in Ulm.

Bernd Walf, geb. am 20. August 1956, arbeitete nach dem Abitur zunächst als medizinisch-technischer Assistent und wissenschaftlicher Mitarbeiter in der Universitätsklinik Gießen, danach als Organisationsprogrammierer und Trainer in einem Industriebetrieb. Heute ist er als freiberuflicher Werbetexter und Web-Designer in Wettenberg bei Gießen tätig. Er schreibt gelegentlich journalistische Beiträge und ist mit seinen satirischen Gedichten in einigen Anthologien vertreten.

Bildangaben:

Titelbild, Vorsatz und Bilder im Innenteil:
Konkursbuch Verlag Claudia Gehrke

Bilder im Vorwort: Windsor Zenic McCay, geb. 1869 in Michigan, zeichnete seit dem Alter von 16, seine Zeichnungen erschienen in *Evening Telegram, New York Herald* etc. Auftritte als Schnellzeichner im Varieté. Einer der berühmtesten Zeichner des amerikanischen Comic-Strips.
Er starb 1934.

Andreas Upit, S.93 , geb. 1969, lebt als Schriftsteller in Braunschweig. In die auf S. 93 abgebildete Tasche verpackte er seine Einsendung zum Würth-Literatur-Preis.

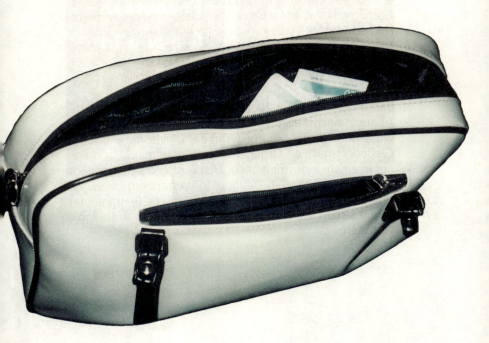

5 JAHRE 10 BÄNDE ZUM WÜRTH-LITERATURPREIS

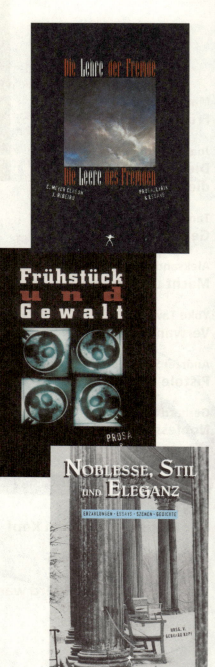

Marlene Streeruwitz
Frühstück und Gewalt

Joao Ubaldo Ribeiro
**Die Lehre der Fremde,
die Leere des Fremden**

Tankred Dorst
Geld oder Leben

Aleksandar Tišma
Macht und Frauen

Yoko Tawada
Verwandlungen

Andrzej Szczypiorski
Pistole & Würde

Gerhard Köpf
Noblesse, Stil, Eleganz

Günter Grass
Gemischte Klasse

Aras Ören
Der Haifisch in meinem Kopf

Herta Müller, Yoko Tawada
und Alissa Walser
**Wenn die Katze ein Pferd wäre,
könnte man durch die
Bäume reiten**